それでも前を向く

宮市 亮

朝日新聞出版

最後まで自分を信じ、自分のプレーを貫ける選手が上に行く――。
あれから10年近くがたった今なら、そう思える。

それでも前を向く ―目次―

第2章 競争 063

宮市亮の所属チーム

2023年10月30日現在

シーズン	所属チーム（★レンタル移籍）	主な出来事とケガ
2010–2011年（後半）	フェイエノールト・ロッテルダム★（オランダ）	2010年12月、18歳でアーセナルFCとプロ契約
2011–2012年（前半）	アーセナルFC（イングランド）	
2011–2012年（後半）	ボルトン・ワンダラーズFC★（イングランド）	2012年2月、日本代表に初招集
2012–2013年	ウィガン・アスレティックFC★（イングランド）	2013年3月、右足首の前距腓靱帯損傷
2013–2014年	アーセナルFC（イングランド）	2014年3月、左太もも裏（ハムストリング）の筋断裂
2014–2015年	FCトゥウェンテ★（オランダ）	
2015–2016年	FCザンクトパウリ（ドイツ）	2015年7月、左膝の前十字靱帯断裂
2016–2017年		
2017–2018年		2017年6月、右膝の前十字靱帯断裂（1回目）／2018年4月、右膝の前十字靱帯断裂「未遂」
2018–2019年		
2019–2020年		2020年5月、グロインペイン症候群
2020–2021年		
2021年	横浜F・マリノス（日本）	2021年7月、Jリーグへ移籍
2022年		2022年7月、10年ぶりの日本代表に選出される。その試合中に右膝の前十字靱帯断裂（2回目）
2023年		

プロローグ　折れかけた心

その日、僕は10年ぶりとなる日本代表戦のピッチにいた。

場所は、故郷・愛知県の豊田スタジアム。1万4000人以上の観客の声援が、スタジアムに響き渡っていた。

2022年7月27日、EAFF（東アジアサッカー連盟）が主催する「E－1サッカー選手権 2022」の最終戦、アジアの強豪・韓国との一戦が行われていた。東アジアのナンバーワンを決める大会だ。結果は3－0。日本は快勝し、優勝を決めた。

この試合に、後半14分から、横浜F・マリノスの同僚である水沼宏太《みずぬまこうた》選手との交代で、右サイドの攻撃を担うポジションで加わった。それからおよそ15分間、僕はいつも通り、何の疑いもなく、ピッチ上を駆け回っていた。

後半31分、相手ゴールに近い敵陣のゴールライン際で韓国のディフェンダー（DF）とボールの競り合いになった。それまで、何千回、何万回も繰り返してきた、そんなライン際での攻防。当たり前のプレーのはずだった。

体を寄せてくる相手より先に、何とかボールに触れようと右足を伸ばした。しかし、ボールに触れることはできず、相手の足を両足ではさみ込むような不自然な姿勢のまま、右足で着地せざるを得なかった。そして、衝撃をやわらげることができず、右足に体重が乗った状態のまま、ピッチの外に押し出される形になった。

その時だった。右膝で大きな音がしたのは……。

2022年7月27日、日本対韓国戦でボールを競り合った際に右膝前十字靱帯を断裂した（写真：SportsPressJP/アフロ）

今までにも何度か聞いたことのある、「ギリッ」という嫌な音だった。

と同時に、右膝を内側にひねった感覚があった。膝が内側に入りすぎると、前十字靱帯《じんたい》が切れることもある。そんな事実も、経験で知っていた。切れるというと、

「ブチッ」と音がしそうなものだが、そうではない。「ギリッ」。これがまさにその瞬間の、聞き覚えがある音だった。

自分でも「まさかここで」という感じだった。

倒れた直後は「日本代表のユニフォームを着て、地元に凱旋《がいせん》して、こんな姿で終わりたくない」と思った。すぐに立ち上がろうとした。歩くことはできた。とにかくピッチに戻ろうと思った。ただ、チームのためにプレーできる状態でないことは、直感的にわかっていた。

三度目の前十字靱帯断裂だった。

ピッチの外に出て、ベンチに向かって歩きだすと、一歩踏み出すたびに、いろいろなことが頭に浮かんできた。

「ここまでだったか、俺のキャリアも……」

「代表のユニフォーム着てやめられるなら幸せだったのかもしれない」

そんなことを考えていた。

この時、サッカー選手をやめるつもりになっていた。妻とは前々から「三度目への大ケガ）をやったらやめようと思っている」と、それとなく話をしていた。
サッカー選手として、ケガが多すぎるという自覚はあった。プロとして、サポーターを納得させるだけの十分なプレーができていないという後ろめたさもあった。だからこそ、ケガをしないように、できる限りのことはしてきたつもりだった。

しかし、またしても、やってしまった……。もう引退するしかない……。

18歳でプロサッカー選手になって10年以上、激しい生存競争の中でずっと張り詰めていた緊張の糸が、完全に切れかけていた。いや、完全に切れていたのかもしれない、この時は――。

第1章 期待

1 前例のなかった海外挑戦

最高の誕生日プレゼント

18歳の誕生日に、僕は人生で初めて契約書にサインした。
最高の誕生日プレゼントだった。

アーセナルFCとプロサッカー選手として契約を結んで、僕はイングランドのプレミアリーグに所属するアーセナルの一員となった（サッカー発祥の地であるイギリスの国内には、イングランドのほか、スコットランド、ウェールズ、北アイルランドにも、地域ごとにプロリーグが存在する）。

サッカー好きで、アーセナルのことを知らない人はいないと思う。
サッカーの母国、イギリスの首都ロンドンにある名門クラブチーム。赤と白のユニフォームは世界中、いろんな国で売られている。ヨーロッパでも南米でもアフリカでも、どこに行っても、必ずといっていいほど、このユニフォームを着た人に出会う。

世界各国にファンクラブがあり、特に日本では人気が高い。

国際サッカー連盟（ＦＩＦＡ）は、18歳未満の国外移籍を原則として禁止している。だから、アーセナルも僕も、この日を待っていた。

サインすることはもう決めていた。条件面もほとんど合意済みだった。契約締結という重要な場面ではあったが、実際にはペンで文字通りサインをするだけ。この儀式をいつにするのか、最後の１ステップ程度に思っていた。

もちろん、一日も早くあのアーセナルの一員になりたかった。

契約する日は、誕生日のあとであれば、いつでもよかった。アーセナル側もそのはずだと思っていた。場所も、別に日本でなくてもよかった。こちらからイギリスまで足を運ぶケースも想定していた。

だが、アーセナルはまるでその日を待ち切れなかったかのように、僕の誕生日に地元の名古屋まで、幹部を派遣してくれた。

ロンドンからわざわざチーム幹部が1日かけてやってきた。大きな期待をかけてくれているとことがわかった。

名古屋の中心部にある指定されたホテルに、両親と向かうと、スーツを着たアーセナルの契約担当者と弁護士が待っていてくれた。

子どもの頃からずっと海外でプレーすることが目標だった。

幼少期、テレビでワールドカップなどを見ていると、試合後に日本代表選手が「世界はすごい」「世界の壁は高い」などと言うのを何度も耳にしていた。それなら、自分で行って確かめるしかないと思った。経験しなければわからないことを、自分で経験してみたかった。

そしてついに、18歳になった2010年12月14日、アーセナルとの4年半の長期契約にサインした。

その瞬間、僕は、幼い頃からずっとあこがれていた「プロ」のサッカー選手になった。

それも、間違いなく「世界のすごさ」を体感できる海外のビッグクラブで。

この時僕は、もちろん、アーセナルでずっと長くプレーすることを夢見ていた。

人生を変えたアーセン・ベンゲルとの出会い

注目度の高いアーセナルと高校生の契約はイギリスでも報じられた。日本でも話題になった。日本のプロサッカーの最高峰であるJリーグを経験することなく、世界最高峰のリーグとされるプレミアリーグのチームと契約した高校生は、日本サッカーの歴史上、僕が初めてだと報じられた。

海外でプロになることを本気で意識しだしたのは、オランダのフェイエノールト・ロッテルダムというクラブで練習に参加させてもらった中学2年の時だった。フェイエノールトのホームスタジアムでトップチームの試合を見て、Jリーグとは違う〝ヨーロッパのサッカー〟の雰囲気を体感して、「いつか絶対に海外でプレーしたい」と思うようになった。

愛知県の中京大学附属中京高等学校に通うようになったあとも、ヨーロッパのクラブの練習に参加させてもらう機会が何度かあった。

2年生の冬に行ったのは、ドイツの1・FCケルンというクラブだった。3年生の夏には、同じくドイツのボルシア・メンヒェングラートバッハだけでなく、オランダのアヤックス・アムステルダムや、アーセナルにも行った。

アーセナルは、緻密なスカウト網で欧州、南米、アフリカをはじめ、世界中から若い才能を獲得している。多くの場合、まずは、より試合に出場しやすい他チームに武者修行に出していた。欧州のサッカーに慣れさせ、実力を見極めるためだ。そして、高い能力を証明した選手をアーセナルに呼び戻すことで、効率的なチーム強化を図っていた。

〝青田買い〟との批判もあったが、プレミアリーグではチェルシーFCなどの他の強豪チームも、同じようなチーム作りをしていた。

そんなアーセナルの中心には、〝総監督〟アーセン・ベンゲルがいた。ベンゲルはすでに世界的な監督で、サッカー界の誰からも一目置かれていた。

世界屈指の監督のひとりで、当時はスペインの強豪レアル・マドリードを率いていたジョゼ・モウリーニョがライバル視し、ことあるごとに、ベンゲルに食ってかかる報道を目にすることもあった。すでに監督として数多くのトロフィーを獲得していたモウリーニョにもそう言わせる何かを、ベンゲルは持っていたからだと理解している。

ベンゲルは、基本的にあまり多くを語らない。それでも圧倒的な存在感で、選手とチームを動かしてしまう監督だった。年齢は父親よりもかなり上だった。

もともと、高校生でアーセナルの練習に参加した時、プレーを見て、すぐに「ほしい」と言ってくれたのも、ベンゲルだった。

彼が僕をプロの世界、それも世界最高峰のプレミアリーグへと導いてくれた。

ロンドンにあるアーセナルのクラブハウスで会ったベンゲルは、握手すると同時に「ここはおまえの家だ」と言ってくれた。

その言葉を聞いた時、僕の心には一切の迷いも不安もなかった。これから始まる刺激的な日々に期待を膨らませていた。

「宇佐美貴史」の衝撃

高校サッカー界で、そこそこ有名な選手のひとりだった。「そこそこ」と書くと、少し嫌みに聞こえてしまうかもしれないが、今も本気でそう思っている。

自分の実力は信じていた。チームメイトにも恵まれ、実際に全国大会に出場してプレーもした。愛知県の強豪チームだった中京大中京高校をキャプテンとして引っ張っているという自負もあった。

ただ、僕はずっと、小さな頃から「自分がナンバーワンだ」と思うことはなかった。いつも目の前には、遠い背中を追いかけ続ける、特別な存在がいたからだ。

その人物とは宇佐美貴史。サッカー人生で最初のライバルだ。

12歳の時に初めて見た宇佐美貴史の衝撃は、今でも忘れることができない。小学生の頃にサッカーボールを蹴り始めてから20年以上たつが、彼から受けた初対

2010年11月13日、第89回全国高校サッカー選手権愛知県大会で優勝し、2年連続での全国大会出場を決めた

面での衝撃を超えるサッカー選手は、僕の中にはいない。

彼の存在が、僕にプロサッカー選手という未来を強く意識させてくれた。彼と出会っていなければ、もしかしたらプロになっていなかったかもしれない。それほどの存在だと思っている。

あれは、中学校1年の確か、5月の出来事だった。

日本サッカー協会（JFA）が、各地域から〝これは〟という将来性のある選手を集めて合宿を行っていた。その時は千葉が舞台だった。

「アンダー13　エリートプログラム」。

呼ばれただけでうれしくなるような名称だった記憶がある。アンダー13（U－13）、つまり「13歳以下」の選手を対象にしたプログラムだった。

僕は、生まれも育ちも名古屋。小さな頃からずっと「おとう」と呼んでいる父が関西人だったこともあり、コテコテの名古屋弁ではなかったが、生粋の〝名古屋人〟だった。

地域的には東海地方で、当時すでに「東海選抜」に選んでもらっていた。

何度かその選抜チームでの活動があり、サッカー王国・静岡の同世代のうまい選手とよく一緒になった。静岡のテクニック自慢の選手に対し、僕にはスピードという武器はあったものの、素直に「うまいなあ」と感心してしまう面もあった。

だから、同世代のうまい選手への免疫や慣れはある程度あると思っていた。

「こんな人たちよりうまい選手なんて、いないんだろう」と勝手に思い込んでサッカーをしていた。


「エリートプログラム」で千葉に行く前、家にメンバー一覧のＦＡＸが送られてきた。

当時は合宿のたび、選手名と所属チーム名の書いてある紙が、自宅のＦＡＸからガタガタと音を立てながら出てくるのを心待ちにしていた。

ツルツルの用紙の文字を丁寧に追い、どんな選手がいるかチェックして合宿に向かう。それが恒例行事だった。

メンバーのほとんどが、レベルの高いエリートたち。名簿には「セレッソ大阪ジュニアユース」「鹿島アントラーズジュニアユース」などと、Ｊリーグのチーム名がずらりと並んでいた。

そんな中、聞いたこともないチーム名を見つけた。僕が所属していた「シルフィードＦＣ」というチームと同じにおいがする街クラブだった。

「長岡京SS」。そう書いてあった。

「僕と同じだ」。少しだけ、勝手に親近感がわいた。

チーム名の左側。選手名に目をやる。

「宇佐美貴史」。そう書いてあった……、はず。

「はず」というのは、当時はチーム名だけが印象的で、名前を記憶するには至らなかったから。あとで、衝撃とともに、「あの長岡京の宇佐美って選手!!」と思い出すことになるのだが……。

――海外へのあこがれをさらに後押ししてくれた存在――

「エリートプログラム」の初日。千葉での練習で、一瞬でわかったことがあった。

言葉は悪いが「うまい」や「すごい」ではなく、最上級の「クソうまい」選手がいたのだ。

序盤、初めてボールを使うメニューを指示された。5対5、5人ずつ2チームでボールを回し、テクニックと状況判断を磨く、基本中の基本といった、いつもやっている練習だった。

もう、とんでもなくうまいやつが、相手の組にいた。

誰もボールを奪えない。僕もビュッとスピードで奪おうと体を寄せたが、シュッとすぐかわされる。そんなシーンが一度ではなく、ずっと続いた。

「ボールが足に吸いつく」という言葉は、まさにこのことだった。初めてその言葉にふさわしい、その言葉そのままのシーンを、実際に見た。

とにかく驚いた。その日の練習の間は「クソうまいやつ」のことで、頭がいっぱいだった。


練習が終わってから近づいて、すぐに聞いてみた。

「何ていう名前?」

「宇佐美っていうねん」

パッとつながった。「こいつが宇佐美か、あの長岡京ってチームの」。

ズバ抜けてうまかった。何とも言えないオーラも醸し出していた。

ここから強烈に、宇佐美貴史を意識し始めた。

会えば話はした。ただ、あまりにうまかったため、一目置くというか、勝手に別格だと位置づけて、距離を感じてしまっている自分もいた。

試合では、本当によく助けてもらった。一緒にプレーしていて困ったら、顔を上げて、宇佐美を探す。相手に囲まれて、打つ手がなくなったら、彼を探してボールを預けると何とかしてくれる。

もはや〝戦術・宇佐美〟だった。

特に、17歳以下（U－17）の日本代表チームはそうだった。

同年代の選手の中で世界一うまいといってもいいくらいに輝いていた。２００９年に一緒に出たナイジェリアでのU－17ワールドカップには、その後、世界的なスター選手となるネイマールやコウチーニョがブラジル代表として出場していたが、彼らよりも宇佐美のほうがうまいと思った。

当時、中学生だった僕も、いわゆる飛び級のような扱いで、強豪高校のサッカー部の練習に参加させてもらったりする機会はあった。

でも宇佐美は、常に先を行っていた。ガンバ大阪の下部組織であるジュニアユース（中学生年代が所属するチーム）に加入した彼は、ガンバ大阪ユース（高校生年代が所属するチーム）の試合に出るようになっていた。ガンバ大阪ユースには、プロ予備軍といっていい、トップレベルの高校生がたくさんいた。

そして僕が高校に入って、Jリーグのプロチームの練習に参加させてもらっている頃には、彼はガンバ大阪のトップチームでJリーグ（プロの公式戦）に出て、バリバリやっていた。大人ばかり、それもJリーグで当時タレント軍団といわれ、とにかく強かったガンバで、高校生で試合に出て、公式戦でゴールも決めていた。

多彩なキック、吸いつくようなトラップ、センスあふれるパスに、鋭く速いシュート。何もかもがうまくて、超一流だった。

僕たちの世代の中では一番先を行く存在で、真のトップランナー。第2集団を引き離し、その背中は油断すれば見えなくなるほどに独走していて、断トツの存在だった。

唯一、僕が初めて会ってから、一貫して彼に勝っていたのは走ること。ただ彼も、天才的なプレーヤーではあるものの、足も速かった。ヨーイドンなら、僕のほうが速かったが、勝負になったのはそれのみという現実もあった。

当時は、Jリーグの試合を見る時も、Jリーグを見ているというより、ガンバ大阪の宇佐美を見ている。そんな感じだった。

次第に、強く意識しつつも、こういったレベルのすごい選手を追い抜いていかなければならないと、強く感じるようになった。

中学の頃から、ずっと先を行く彼に追いつけ、追い越せ——。

そのためにはどうしたらいいのか？　これが、高校卒業のタイミングで宇佐美がプレーしていたJリーグではなく、彼がまだプレーしていない海外に行くという決断を下したひとつの理由にもなった。彼の存在が、僕の海外へのあこがれをさらに後押ししてくれたともいえる。

とにかく、その存在を意識していた。彼のおかげで世界レベルを身近に感じられたし、自分の能力を過信することもなかった。

「プロ」になりたいと思ったきっかけ

じつは、僕が初めて「プロ」の存在を意識したのは、サッカーとは関係のない人物がきっかけだった。

サッカーを始めた小学3年の頃、家にずっと置いてあった一枚の写真が目にとまった。指をくわえた赤ちゃんの僕が、眼鏡をかけたやさしそうな男の人と一緒にいる記念写真だった。

まだ幼かった僕はその後、写真を見て「この人誰？」と聞いた。両親は「すごい野球選手なんだよ」とうれしそうに教えてくれた。それがあの古田敦也さんだと、のちのちわかった。それからというもの、勝手に古田さんに親近感を感じて、成績やプレーを気にかけ、プロ野球界を代表するすばらしい選手だと知ることになり、自然と応援するようになった。

父は高校、大学、社会人とずっと野球をやっていた。父と古田さんは社会人のトヨタ自動車硬式野球部時代のチームメイト。父が1つ年上で、大学も同じ。京都の立命館大学の先輩後輩でもあった。

自宅で撮影されたその一枚は、古田さんのヤクルトでの選手時代に撮っていただいた、記念写真だったようだ。

サッカーではなく野球だったが、スポーツの世界で自分の実力だけで道を切り開いていく古田さんの姿、生き方が単純にかっこよく、あこがれていた。日本のプロ野球界のトップ中のトップ選手に、「プロ」という存在を意識させていただけたことは、古田さんには何の関係もないことかもしれないが、本当に幸せだった。

古田さんにも両親にも感謝している。

父の現役時代の姿は記憶にないが、トヨタ自動車野球部のゼネラルマネージャー（GM）として、日本一になったこともある。母も学生時代は陸上を真剣にやっていた。一般的な家庭とくらべれば、かなりスポーツ寄りの一家だったと思う。

両親からは、もともと大学への進学をすすめられていた。特に父からは、ケガのリスクも考えて、「しっかり勉強して、知識を身につけて就職したほうがいい」とずっと言われていた。

それでも、「海外でプレーしたい」という気持ちが強かった。最終的には、両親も「おまえの人生だから」と背中を押してくれた。

当時は、不安なんてものはまったくなかった。自信に満ちあふれていた。緊張もプレッシャーもほとんど感じていなかった。「やってやる」「楽しみだ」、そんな感情しかなかった。「ここからスタートだ」と、とにかく前向きだった。

僕が海外でプレーするようになった半年後、勝手にライバル視していた宇佐美もヨーロッパ、ドイツのブンデスリーガの名門バイエルン・ミュンヘンへと移籍してきた。くしくも、ほぼ同じタイミングでヨーロッパでの挑戦がスタートした。

2 希望に満ちていたプロデビュー

最初から決まっていた期限付き移籍

中京大中京での高校生活の集大成だった全国高校サッカー選手権の敗退後、僕はすぐに渡欧した。

最後の試合となった久御山高校戦で逆転負けを喫したのが、２０１０年12月31日。その5日後、２０１１年1月5日には中部国際空港からイギリスに向かった。

ヨーロッパのサッカー界は、シーズン真っただ中だった。

僕がプロデビューしたのは２０１０-２０１１年シーズンだ。

ヨーロッパの主要リーグは8月頃に開幕して5月頃に終了する。年をまたぐ形になる。

長く日本のJリーグが採用してきた2月頃に始まり、11月頃に終了するスケジュールとは違った。

ヨーロッパでは、選手がチームを移る、移籍が可能となる期間が、シーズン開幕前後の一定期間（8月頃）と、シーズンを半分終えたあたり（1月頃）の二度設定されている。シーズン途中でチームを替える選手も出てくる。その中のひとりという感じだった。


アーセナルと契約したが、僕のプロサッカー人生はオランダのフェイエノールトでスタートした。中学生の僕に〝海外〟を意識させてくれた、あのフェイエノールトだ。

フェイエノールトに行って武者修行をすることはアーセナルとの契約にサイン

2011年1月5日、アーセナルに加入するために中部国際空港から
イギリスに向かった

する時から決まっていた。いわゆるレンタル移籍というものだ。

チームを移る移籍には、「完全移籍」と、レンタルという「期限付き移籍」の2種類がある。完全移籍は片道切符。期限付き移籍は半年や1年で戻る保証がついた往復切符。若手を武者修行に出す時は、ほとんどこの期限付き、レンタルという形になる。

いつもリーグ優勝を争うような強豪のフェイエノールトは、大先輩の小野伸二さんがプレーされていた、オランダ屈指の人気クラブ。ヨーロッパの大きな大会でタイトルを獲得したこともある名門だった。

オランダのリーグには、若手を積極的に使おうとするカルチャーがある。僕が得意とするスピードを生かすプレースタイルにも合っていた。最高の環境だと思った。

すぐに武者修行に出されたのには、イギリスならではの事情も関係していた。

イギリスでプロになるということは、当然だが、イギリスで仕事に就くということになる。

もともと外国人がイギリスで働くためには、政府機関から労働許可証という書類を発行してもらう必要があった。しかし、自国、つまりイギリス国内で育った選手の保護、そして国内リーグのレベルを高い水準に保つ意味合いもあり、プレミアリーグのチームと契約を結んだからといって、すぐに労働許可証を発行してもらえるとは限らなかった。

基本的に実績ある選手以外はお呼びでない。まさに「プレミア」なリーグというわけだった。

まだ高校生。海外での実績ゼロの僕は、アーセナルと契約はしたものの、すぐに労働許可証が発給される見込みはないと説明を受けていた。

イングランドでのプレーは、すぐにはかなわず、まずはサッカーの本場・欧州のレベルに慣れる意味合いもあり、アーセナルに籍を残したまま、半年間の期限付き移籍という制度を使って、修業に出た。

ワンプレーでつかんだ自信の源

フェイエノールトには、中学生で練習参加した際に顔見知りになっていた仲間もいた。ステファン・デ・フライとブルーノ・マルティンス・インディ。二人とも、僕と同じ1992年生まれで、のちにオランダ代表に選出されている。特にステファンとは気が合った。

「あれ以来のフェイエノールトだ！」というワクワク感もあり、何の戸惑いもなかった。結果を出して、労働許可証を手に早くアーセナルに戻らなければならないと、自分に言い聞かせていた。


フェイエノールトで感じた手ごたえは、今も忘れることはない。

すんなりとオランダでのデビュー戦から本物のプロになれた気がした。

一切の不安もなく、本当に、何も余計なことは考えずにプレーできていた。

正直、今となれば、「まぐれでうまくいったんじゃないか？」と思うほど、何もかもうまくいった。


プロとしてのデビュー戦は、渡欧から1カ月ほどしかたっていない、2011年2月6日。オランダの最上位のプロリーグであるエールディヴィジの試合、相手はSBVフィテッセというチームで、レギュラー格の選手たちと一緒に先発起用された。

自分が最も得意としているプレースタイルが、スピードという武器が通用した。

もともと、100メートルは10秒台、50メートルは5秒6で走ったことがあった。陸上の記録会のような厳密な計測によるタイムではないが、全国レベルの実力者がそろっていた中京大中京高校の陸上部のスプリンターとも互角以上に渡り合えるという実感があった。

フィテッセとのデビュー戦で得た感覚は、今も自分の中にしっかり染み付いている。あの感覚があるから、僕はどんな状況になってもできる気がしてくる。あの頃を思い出せば、自然と、自信のようなものがわいてくる。

自信の源は、デビュー戦のワンプレーで間違いない。

試合が始まってすぐ、ボールを前にバーンと蹴り出し、他の選手が追いついてこられないスピードでボールに追いつき、敵チームのDFを抜き去った。その時の記憶は、今も鮮明なままだ。

満員のサポーターが、「ドン!!」と一瞬ですごく盛り上がってくれた。たったワンプレーで、一気に名前を覚えてもらった。それ以降のプレーではスタンドから大きな声援がわくようになった。

チームメイトの見る目も変わった。

一気にパスが回ってくるようになった。この感覚は、どう表現したらいいのか……。説明は難しいが、今も絶対に忘れられない、人生における特別な瞬間だった。

ピッチ上にいる誰ひとりとして、僕のスピードについてこられない。そんな感覚があった。

ヨーロッパでも、自分が武器としていくものは、このスピードで絶対に間違いない。それも、圧倒的な威力を持つ武器であるという確信が持てた。

「プロでやっていける」と思った。

実力がすべての、激しい生存競争が繰り広げられているヨーロッパ。そんな環境下であっても、いいプレーをしさえすれば、周囲の見る目、チーム内評価、自分の立ち位置、すべてにおいて変化を起こすことができると、まさに身をもって体感できた。貴重な経験だった。

2011年5月15日、エールディヴィジのフェイエノールト対ＮＥＣ戦で、
左サイドを駆け上がる（写真：アフロ）

そして、その約1週間後、続くヘラクレス・アルメロ戦では初ゴールを決めることができた。

初先発も初ゴールも、当時の欧州主要リーグでの日本人最年少記録だと日本で大きく報じられたと聞いた。

初出場は18歳1カ月23日。初ゴールは18歳1カ月29日だった。

プロの世界で感じた無言のプレッシャー

フェイエノールトのチームに合流してからデビュー戦までの日々の練習でも、自分なりの手ごたえは感じていた。チームメイトにも武器であるスピードをアピールできていたと思う。

ただ、仲間は公私ともによくしてくれてはいたが、互いにプロ。練習中はどこかで「おまえ、試合でどこまでやれるんだ?」という、無言のプレッシャーを感じるようなところはあった。

日本でもプロとして真剣勝負の公式戦でプレーした経験はなかった。

未知の世界だった。格上にあたるアーセナルから来たと、ある意味、特別視されていたが、つい最近まで日本の高校生だった。チームメイトも、スタッフもファン、サポーターも、裏切られるかもしれないという心配がないまぜになった期待感を抱いているように感じた。

だからこそ、本当にあのデビュー戦が大きかった。

自分のキャリアをここ、ヨーロッパの本場でも、しっかり地に足をつけ、歩んでいける――。確かな手ごたえをつかむことができた。

デビュー戦以降、ほぼフル出場が続いた。2試合目でゴールを決めて、その後しばらくチームも負けなかった。

デビューから6試合を消化して4勝2分け。この間、1ゴール、1アシストを決めた。

最初のゴールの感覚は、今でも再現できる。

右サイドからのクロスを胸でトラップ。余裕があるから、視野も広かった。慌てた相手が寄せてきているのが見えた。冷静に左に切り返してその相手を抜き、左足でボーンと蹴り込んだ。

ほぼ完璧だった。

運命も感じていた。

フェイエノールトでは、中学2年の時に練習に参加させてもらい、スタジアムで試合も見た。その後もおぼろげながら、プロで、ヨーロッパでやるんだと思った時、具体的なイメージとして頭の中に浮かんでくるのが、フェイエノールトの試合の光景だった。

特別な思い出の場所、思い出深いチームのスタジアムで、プロとして初ゴールを決めることができた。

練習参加した時、観客のひとりとして見て、あこがれた光景が、自分のものになった。あのピッチで歓声を浴びることができた。本当に特別で、一生忘れない瞬間だ。

まっすぐで、太く、長い「1本の矢印」

まず、通用したのは武器であるスピードだったが、それだけではなかった。

攻撃に関すること、ほぼすべてにおいて、「できるんだ」といういいイメージしかなかった。

失敗するかもなんていうマイナス思考は、一切なかった。頭の中には成功するイメージしかなかった、あの頃は。

プレッシャーを感じることもなく、とにかく楽しかった。試合で自分のプレーを出すことが、楽しみで仕方なかった。

サッカー人生の中でも、このフェイエノールトでの半年間は、特別な時間だった。


監督の指示もシンプルだった。

プロのサッカーチームは、ほとんどが試合の前にミーティングを行い、チーム全員で監督の指示を聞く。相手によって戦い方を変えるチームもあれば、いつどんな時もやり方を変えない横綱相撲のようなスタイルのチームもある。

それはチームの歴史や立ち位置、伝統にもよるが、フェイエノールトというチームは歴史ある強豪で、オランダ国内では、横綱といった位置づけだった。

選手には試合中、守るべきポジション、立ち位置がある。よく4－4－2、3－5－2と表現されるシステムは、守るDFに何人、守りと攻めを行う中盤のポジションであるミッドフィルダー（MF）に何人、最前線で攻めるフォワード（FW）が何人という、基本的な並びをあらわしている。

ミーティングでは、ピッチ上の11人それぞれの立ち位置、いるべき位置が、ホワイトボードに背番号で書いてある。そして、その選手が試合でするべき動きが、矢印で示してあることが多い。

ウイングという最前線でサイドからの攻撃を担うポジションを任されていた僕には、だいたい、いつも前に攻めろとばかりに、前向きの矢印がついていた。

僕の背番号「34」とともに、黒いペンで書かれた前向きの矢印は、これまで見たことがないくらい、まっすぐで、太く、とにかく長い。そんな矢印だった。

これで十分だった。

スピード違反といわれるくらい、ぶっちぎって、サイドをぶち抜いてくれということ。

オランダ人のマリオ・ベーン監督の指示を、そう理解した。

もともとオランダは、ウイングがボールを持つと、進路をふさぐ相手の守備者がいても構わず、スピードでぶっちぎれというサッカー文化。

持ったら縦に突破しろ――。僕への矢印は、特にメッセージ性が強かった。完全にフィットした。

相手にひるんでしまい、横にパスしてプレッシャーを回避しようものなら、スタンドから強烈なブーイングが飛んでくる日常も、僕にはピッタリだった。

スピードが武器の僕にとって、完全に独り舞台といえる環境だった。

――心技体のバランスが取れていたフェイエノールト時代――

試合でも、練習でも、サッカー以外でも、まわりはみんなビックリしていたようだ。

この頃、僕はまだ運転免許を持っていなかった。高級車で練習場にやってくるプロ選手、世界中から集まる各国の代表チームレベルの実力を持つ選手たちに混じって、毎日、自転車で練習に通っていた。

スポーツタイプではなく、オランダのいわゆる〝ママチャリ〟だった。


「日本からやってきた高校生は、自転車通勤だぞ」――。


みんなに笑われ、からかわれたりしたが、自分の中では何の違和感もなかった。

つい先日まで、毎朝高校に登校していた。その頃はまだ、卒業式も行われていなかった。

自転車で練習に行くことを、別に何とも思わなかった。ある意味、普通だった。

日本の高校生がそのままフェイエノールトのレギュラーとしてプレーして結果を出している。そんな毎日が、ただただ、楽しかった。

この頃の僕には、〝プロの壁〟は見えていなかった。プレッシャーは感じていたが、この時点では壁があるなんて、思ってもいなかった。

順調にキャリアを積み重ね、右肩あがりのプロ人生を歩んでいくものだと、何の疑問も抱かず信じていた。

ケガの不安もゼロ。そもそも、ケガのことなど、考えたこともなかった。

高校3年の時、まだアーセナルに行くと決める前、フェイエノールトと同じオランダ1部の強豪アヤックスから熱心に誘われていて、その練習に参加した際にすねを骨折したことがあった。ただ、骨折といってもポキッと折れたわけではなく、骨にヒビが入った程度。1カ月ほど休んだだけでプレーできた。

大きなケガは、まだ経験していなかった。まさに怖いもの知らずだった。

プロ入り後初めて欠場したのは、楽しみにしていたエールディヴィジのVVVフェンローとの試合。原因は風邪だったが、この時、相手チームには、僕が「麻也くん」と呼んでいる、吉田麻也選手もいた。

　麻也くんとの付き合いは長い。中学校の頃から、今まで、ずっと面倒を見てくれた恩人だ。きっかけは地元のＪリーグの名古屋グランパスの練習に参加した時。麻也くんは当時、トップチームでは一番年下で、先輩たちに気を遣っているはずなのに、僕にまで目を配ってくれた。練習が終わったあと、いつも最寄り駅まで車で送ってくれた。

　決して歩けない距離ではなかったが、いつも気を回してもらい「乗っていけば？」と送ってもらった。シーズン前の鹿児島の指宿《いぶすき》キャンプに参加した時も、食事の席はずっと一緒だった。本当になつかしい。

2008年7月8日、名古屋グランパスの練習に参加し、
吉田麻也選手とも一緒にプレーした

麻也くんは2022年のワールドカップ・カタール大会で16強入りした日本代表の頼れるキャプテンだったが、僕にとって、ずっと頼れるキャプテンであり続けている。

この時は残念ながら、日本人対決は実現しなかったものの、熱は1日で下がり、試合翌日には、麻也くんや同じVVV所属でお世話になったボビさん（カレン・ロバート選手）が、当時僕が暮らしていたロッテルダムに来てくれた。一緒にご飯を食べて、自宅に泊まってもらった思い出がある。

この頃から、麻也くんにはお世話になることが増えた。海外に出たばかりの僕をヨーロッパでプレーする日本代表組の年上の偉大な選手ばかりの輪にも引き入れてくれた。

その振る舞いは当時からまさにキャプテンそのものだった。

フェイエノールト時代は、心技体、すべてが充実していた。

大きなケガもなく、体は整っていた。

技術もある程度、このレベルでは通用した。

通用している手ごたえがあるから恐れもない。自信もあった。

自分に対して「できるのだろうか？」といった疑いを抱いた瞬間は一度もなかった。

今思えば、ただの怖いもの知らずで、まだ心は十分、育っていなかったかもしれない。
ただ、心技体の3つのバランスはうまく取れていた。
だから、活躍できていた。

3 開かれた「アーセナル」への扉

アーセナルの一員としての自信とプライド

フェイエノールトでの充実した日々は、あっという間だった。

最短の半年、このシーズン終了のタイミングでアーセナルから「戻ってこい」と声がかかった。

ある意味、実力でのポジション奪取と同等か、それ以上に厄介なイギリスの労働許可証取得のめどが立ちそうだと聞かされたのは、まだフェイエノールトでプレーしていた2010－2011年シーズン終盤のことだった。


当時から、アーセナルには世界的なネットワークがあった。

フェイエノールトの試合はほとんどすべて、アーセナルのドイツ・オランダ担当スカウトが見に来てくれた。よく、ご飯にも連れていってもらった。

試合後、「フェイエノールトはどうだ？」「オランダの暮らしはどうだ？」と気にしてくれた。

もちろん、技術や戦術的な話もあったが、それよりも、自信を持ってピッチで戦えるように、自分がフェイエノールトというチームにいながらにしてアーセナルの一員であるという自信とプライドを持たせてくれる言葉をもらっていた。

さらに、メールで毎試合メッセージも届けてくれた。いつも気にしてもらっていると思うと心強かった。そのすべてが「頑張れ！」というメッセージだと理解して、毎試合励みにしていた。

さらに上位の責任者であるアーセナルのスカウト陣のトップがオランダまで直接見に来てくれることになったのは、ヨーロッパに遅い春の兆しが出てきて、少し暖かくなってきた頃だった。

スティーブ・ローリーという人物で、アーセナルの伝説のスカウト。残念ながら2022年の4月に63歳の若さで亡くなってしまったが、当時はまだ若かったセスク・ファブレガス、ロビン・ファンペルシーといった大物選手の潜在能力をどのチームよりも早く見抜いて、いち早くアーセナルに連れてきた。チーム強化に大きく貢献した功労者で、本当にやさしい人だった。

世界中を駆け回り、多忙を極める中、1試合だけ直接見に来てくれた。

自分がチェックされている、期待されているとわかって、本当に勇気づけられた。

重鎮だから言葉にも重みがあった。

一体、どれほどの選手の潜在能力を見抜きチームを強くしてきたかも、よく知っていた。試合後に言われた言葉は、それこそシンプルだったが、これ以上ない後押しになった。


「リョウ、とてもいいぞ。これを続けてくれ」


この人が重鎮であることはよく知っていた。アーセナル入りする前、まだ高校生だった時の練習参加で、すべてを決める全権監督アーセン・ベンゲルの近くにいて、ベンゲルと話し、それをかみ砕くようにして僕に伝えてくれたのが、この人だった。

クラブ内でもかなりの影響力を持ち、ベンゲルからも絶大な信頼を寄せられていることは、ひと目でわかった。

オランダで受け取った〝合格通知〟

そんなフェイエノールトでの充実の日々が終わりに差し掛かり、シーズン最終戦が数日後に迫ったタイミングで、僕は〝合格通知〟を受け取った。

ロッテルダムのイタリア料理店で、たまたま、ひとりでランチをしていたら電話が鳴った。慌てて出ると、リチャード・ロウという、また別のアーセナルの幹部で契約担当者だった。

「リョウ、次のシーズンはアーセナルのメンバーとして考えている。プレシーズンはアーセナルに戻ってきてほしい」

自分の中では、契約書にサインした時から、最短の半年でアーセナルに戻るつもりでいた。そのために、生半可な気持ちではプレーできないと腹をくくっていた。

ただ、じつはこの頃、ぼんやりとではあるが、「フェイエノールトでもう１シーズン、プレーを続けるのかな？」とも思っていた。

加えて、テーブルの上にはいろんな選択肢、〝カード〟があった。ドイツ、ブンデスリーガの古豪チームであるボルシア・メンヒェングラートバッハを筆頭に、僕をほしがってくれるチームがヨーロッパの各国にたくさんあると聞いていた。

そんな中、イタリア料理店での1本の電話で、一番望んでいた近未来図が現実になりそうだとわかった。

最も気になる労働許可証取得にアーセナルが動いてくれている。ある程度、取得のめどがついたということだろうと判断した。

実際、アーセナルは特例での取得に動いてくれていた。

特別なサッカーの才能があるとイギリスの政府機関から認められた若者には、特例で労働許可証が発給される。そんな前例があった。

対象はほぼビッグクラブの若い選手に限られ、クラブの伝統と影響力による部分も、あくまで想像ではあるが、あったと思う。

ベンゲルからもらったお祝いの言葉

労働許可証の取得がかなったのは、２０１１-２０１２年シーズンが始まって間もなくのことだった。

フェイエノールトでの半年のシーズンを終え、少しの休暇を挟んだ僕はすでに、新シーズンに向けた準備期間であるプレシーズンをアーセナルで過ごしていた。

真のアーセナルの選手としてチームに登録され、試合に臨むメンバーとして初めてベンチ入りしたのは、２０１１年8月20日のリバプールFC戦。

リバプールといえば、プレミアリーグの中でも名門のひとつに数えられる強豪であり、しかもこの試合はアーセナルのホームスタジアムでのシーズン初戦。とても重要な試合だった。

この一戦に間に合わせるかのように、その数日前、日本に戻っていた。チームから「日本に行ってこい」との指令を受けたからだ。イコール、これは労働許可証発給のめどが立ったという知らせだった。

東京の半蔵門にあるイギリス大使館に行って、面接など所定の手続きをしなくてはならなかった。

フワフワした気持ちで日本に飛んだ。

忘れられないことがある。

まず、ロンドン－東京の往復チケットは、初めてのファーストクラスだったことだ。

まだ18歳だったが、海外遠征や練習参加を何度もさせてもらい、国際線の飛行機に乗る機会は多かった。だが、ファーストクラスは別世界だった。

ほとんど、ただ行って帰ってくるだけ、試合でも何でもないのに、こんなぜいたくをさせてもらっていいのだろうか？　しかも、よくわからないまま東京に到着すると、チームの用意してくれたホテルは、最高級のコンラッド東京だった。

部屋に入ると、ひとりなのに、まさかのスイートルーム級の広さ。驚きが倍増して、アーセナルというクラブの一員であることを、いきなり実感させられた。

今思うと、戻ってすぐに大事なリバプール戦があった。ファーストクラスは労働許可証取得のお祝いでもあり、何より、ベンチ入りまで見越して、よりよいコンディションで戻ってくるようにというチームの親心だったのだろう。

名門アーセナルなら、当然ともいえる超一流の扱いだったが、直前までフェイエノールトの練習に自転車で通っていた十代の若者で、大学1年だったとしてもおかしくない年頃。驚かされることばかりだった。

しかもその間に、ロンドンではなんと、当局にまでベンゲルが直接出向いて熱弁し、取得を後押ししてくれたと、あとで聞いた。やはりベンゲルの直接出馬の影響は大きかったようで、手続きはスムーズに進んだ。

東京からロンドンに戻ると、ベンゲルに呼ばれ、直接告げられた。

「Congratulations!（おめでとう！）」

労働許可証がおりた、とのことだった。

あとで、スカウティング部門の映像担当から、「リョウの力を認めさせるために、めちゃくちゃたくさんの映像を作って、提出したんだぞ」と猛アピールされた。笑顔で、何度も頭を下げた。

少しずつ狂い始めた歯車

すべての手続きを終え、正式にアーセナルの一員になることができた時、大きな前進ではあったが、正直、あまり実感はわかなかった。

直前まで日本にいたのに、突然、ずっと目標にしてきたホームスタジアム、約6万人が入るエミレーツスタジアムでのリバプール戦がやってきた。不思議な感覚だった。「ああ、ようやくアーセナルの選手になったんだ」とは思ったが、あまりの目まぐるしさで、かみしめる余裕はなかった。

初めてのベンチ入りは、試合前日のミーティングで貼り出される紙で知ることになった。こう書いてあった。

「31　Miyaichi」

「よっしゃ。ここからだ。やるしかない」。

何もかもうまくいったフェイエノールトでの勢いのまま、アーセナルに加わり、プレシーズン中も結構な頻度で、出番をもらっていた。

必ず、近いうちに出番は来るだろうと思っていた。ベンチ入りにも驚きはなかった。

当時同じポジションでは、ロシア代表のアンドレイ・アルシャビンがよく使われていたが、「むしろ、ここはアルシャビンじゃなく、俺の出番でしょ？」と思うほどに、自信に満ちあふれていた。

ここから、少しずつ、歯車が狂っていく……。

リバプール戦は出番なし。その後もベ

2011年9月20日、パク・チュヨン（朴主永）との交代で、
アーセナルでの公式戦初出場を果たす（写真：アフロ）

ンチ入りまではいくが、なかなかデビューが実現しない。

ようやく初めての出番が来たのが、大事なリーグ戦とくらべると、控え選手や若手に出番の回ることが多いカップ戦だった。

カーリングカップのシュルーズベリー・タウンＦＣ戦に、後半から途中出場。２０１１年9月20日だった。

初めてのベンチ入りから、デビューまでの１カ月は練習だけの毎日だった。

あのリバプール戦前のワクワク感、楽しみが、少しずつ、胸の奥で重苦しいものへと変化しつつあった。

第2章 競争

1 アーセナルで感じた戸惑い

「王様」級の選手がしのぎを削るチーム

ロンドンの北部、ロンドン・コルニーという街にあるアーセナルの練習場は驚くほど広い。クラブハウスを出て、一番奥のピッチまで歩いて移動すると、10分はかかる。

その上、外部の人間は一切といっていいほど立ち入ることが許されていない。まるで、ビッグクラブとそれ以外のクラブを分けるような、見えない大きな分厚い壁があった。

一歩足を踏み入れると、そこはそれまで知っていたサッカーの世界とは大きく違っていた。すぐ目の前に、まさに世界トップレベルの光景が広がっていた。そんな日常を肌で感じることができ、その中で戦うことができる環境を与えられた。

フェイエノールトからアーセナルに戻ってすぐ、プレシーズンで圧倒的なオーラを放っていたのが、フランス代表の大物、サミル・ナスリ。もう「王様」そのものだった。

このシーズン、プレミアリーグの得点王になるオランダ代表の点取り屋、ロビン・ファンペルシーもいたが、ナスリは別格だった。

小さなコート、少ない人数で行うミニゲームで、ナスリに強く要求されたことがあった。シュートを思いきり打ったら、「打つな。俺にパスしろ」と。ナスリは特に気持ちが強かった。

2011年7月12日、アーセナルでサミル・ナスリとともにトレーニングに励む
（写真：AP/アフロ）

当時も今も、アーセナルでは、そんな各国の「王様」級の選手たちがひしめき合い、しのぎを削っている。

ヨーロッパはもちろん、南米、アフリカをはじめ、世界中から集ったタレントがいる。サッカー好きなら誰もがその名を知るはずの各国代表レベルの有名選手の集合体だった。

ピッチ内を支配する圧倒的な緊張感

フェイエノールトから戻った時は、「問題なくやれる」という感覚だった。プレシーズンが終わって、労働許可証を手にしても、その思いは変わらなかった。「これなら、絶対やれる」。そんな感覚だった。

ところが、日々のトレーニングが行われる練習場のピッチ内は、張り詰めた圧倒的な緊張感が支配していた。恐ろしいほど高いレベルでのプレーが求められる環境下で、プレッシャーを感じながら、一日、また一日と、練習メニューをこなしていくうちに、慣れるのではなく、少しずつ少しずつ、自分の力を疑い始めてしまった。

自分が得意とするプレーにフォーカスできず、まわりの相手のすごさばかりが目につくようになった。

もちろんチーム内での競争は常にあって当然。ライバルに挑むことで選手としても成長できる。ただしライバル視するのは、同じポジションの定位置争いをする選手だけにとどめておくべきだった。

くらべる必要のないものまで、くらべてしまっていた。

自分の武器とは異なる、まったく違う長所を持つ選手のワンプレー、さらには加入してきた選手の移籍金の額までが気になるようになった。


サッカー界、特にヨーロッパは選手の出入りが激しい。契約期間内であっても、数億円から数十億円、時に百億円超の移籍金、つまり契約解除に必要なお金を、ほしいチームが目当ての選手が所属するチームに支払えば、基本的に選手の行き来はＯＫ。あとは選手が承諾すれば、夏と冬の決められた移籍期間内ならば、移籍できる。

移籍金は選手に入るお金ではなく、選手の年俸はまた別に設定されているが、この金額が大きければ大きいほど、市場での価値が高いすごい選手ということになる。同世代の若手にも、20億円で来ました、50億円で来ましたという選手がいた。

一方、僕はアマチュアのカテゴリーの高校から来たので、移籍金という〝値札〟はない。フェイエノールトで結果を出したという実績ではなく、実体のない〝値札〟を気にしてしまった。そして勝手に、引け目を感じるようになっていった。

厄介なのは、こちらが気にしている選手は僕の移籍金のことを何も気にしていないことだった。別に見下してくるわけでもなく、むしろよくしてくれる。

僕も、表向きは普通に接して、若手同士、車や恋愛の話で盛り上がる。でも、練習になると、気になることばかり。

もともと、少しの変化が気になってしまう性格。〝気にしい〟とでもいうのだろうか。「突破あるのみ」といったプレースタイルから想像できないかもしれないが、ちょっと繊細なところがある。

完全に悪循環だった。

出番もなかなかこない。すると「俺がここにいて、いいのかな?」となっていく。

実力的には、いてもいいはずだった。同じような立場の誰より早く、最短の半年でフェイエノールトから戻ってきたのだ。頭ではわかっている。

でも、次第に自分のよさが、わからなくなりだした。「絶対にやれる」という強い気持ちを持ち続けることは簡単ではなかった。

――勝手な空想の中ではまり込んだ負のスパイラル――

ベンゲルは自分のスピードという武器を見込んで呼び戻したはずだった。直接そうも言われていた。

「リョウ、君のよさはスピードだ。それを存分に生かしてほしい」

この言葉がよりどころだったが、練習でそれを生かすような場面がなかった。いや、実際にはあったのかもしれないが、僕はそのきっかけをつかむことができなかった。

アーセナル、特にベンゲルのスタイルがパスサッカーであることは、世界中で知られていた。ボールを扱う高い技術とパスのコンビネーションを存分に生かす攻撃的なスタイルだった。

アーセナルは練習でも、あえて狭いサイズのピッチを使う。すぐ目の前に敵がいるような状況下で技術を磨くためだった。そんなメニューばかりが続く。

アーセナルの選手はみんなうまい。まったくといっていいほど、狭い局面でもミスをしなかった。レベルの差を痛感させられた。

スピードを生かす場面があまりなく、アピールができないと感じていた。そしていつしか、自分が「浮いているんじゃないか？」と疑いだしてしまった。

自らの武器がスピードであることを忘れて、アーセナルのスタイルにどうやったら合わせられるかばかり考えていた。勝手な思い込みの中で、負のスパイラルにはまり込んだ。1対1で勝負すべきところでさえ、パスを選択するような心理状態だった。


アーセナルは常勝を義務付けられたエリート集団で、スターの集まりだった。どんな試合でも、絶対に負けられない。そんなメンタリティーがチーム全体に浸透していた。これぞビッグクラブのプライド、そんな感じがした。

チーム内部も、サポーターも、メディアも同じじだった。

試合中の要求レベルの高さ、それに対する評価基準やチームのピリピリした空気感……。

その後、同じプレミアリーグの別のチームでプレーして、アーセナルの特別さを確認できたが、緊張感はやはり別次元だった。


プレミアリーグには20のチームが所属している。チームによっては、相手との力関係がはっきりしている場合、勝つための戦術ではなく、まず引き分けの勝ち点1を狙う。しっかり狙い通り戦って、勝ち点を落としたのなら、それはそれで仕方ない、そんな考え方のチームも少なくない。はっきりとそう言わないまでも、とても守備的な布陣で試合に入る、負けないことを最優先するチームも多かった。

アーセナルには、そんな発想は一切なかった。

まず、消極的なバックパス——つまり、相手ゴールに向かって前進しようとチャレンジせず、自陣ゴール方向へと逃げるパス——を簡単に選択すると、ベンゲルが激怒する。どれだけ点差をつけていて、試合が事実上決まっていても、攻め手を絶対に緩めない。ボールを保持して主導権を握って圧倒して、きれいなサッカーをして勝つ。

3−0、4−0になっても、消極的にプレーして少しでもくだらないミスをしたら、ベンゲルがベンチで明らかに不満そうな態度を取る。

常にクオリティーを求めるチームであり、そういう監督だった。

たとえ、相手がスペインリーグ（ラ・リーガ）の強豪レアル・マドリードやFCバルセロナだとしても、少しも気後れするところがない。〝俺たちはアーセナル〟、その意識がすごかった。

チームには、ビッグクラブの、選ばれしものの、確固たるDNAが息づいていた。

ベンゲル退任前後に陥った一時期の低迷が信じられないくらいに、アーセナルの歴史と伝統、その積み重ねを毎日、嫌というほど思い知らされる日々だった。

――「うまくなりたい」気持ちが空回りして生じた焦り――

あの頃、僕はずっと張り詰めた空気の中にいた。そして、次第に、自分で自分の立ち位置がわからなくなっていった。

どうしても〝隣の芝は青く見える〟ような感覚に陥り、勝手に作り上げた劣等感に少しずつ支配されていった。

例えば、僕とほぼ同じ時期にアーセナルに加入し、このシーズン中に早くもイングランド代表デビューを果たしたアレックス・オックスレイド＝チェンバレンという選手がいた。年齢は僕のほうが1つ上だが、彼のほうが先に出場機会を手にしていた。

同期たちとの違いをいちいち比較し、焦る気持ちを募らせていた。

本来、彼は彼で、自分は自分。サッカー選手のキャリアは人それぞれで、19歳でピークに到達する選手もいれば、30歳でようやく頂点にたどり着く人もいる。

もちろんスタートの時期が早く、高い位置からであれば到達点が高くなる可能性は出てくる。ただ、どこでキャリアが花開くか、そんなことは18歳の頃にはわからない。

当時の僕は、試合に出られない状況にあったが、きたるべき未来に向けて、日々をもっと大事に過ごさなければいけなかったと、強く思う。

焦ってまわりの選手のすごいプレーを真似しようとするのではなく、地に足をつけて、信じる道を一歩一歩進んでいく。一歩でなくても半歩、1センチでも1ミリでも、前に進めばいい。ベンゲルも認めてくれていた自分の武器を信じ、そうすべきだった。

最後まで自分を信じ、自分のプレーを貫ける選手が上に行く――。あれから10年近くがたった今なら、そう思える。


ただ、当時は18歳のプロ1年生。考え方がまったく違った。勝手に焦りまくっていた。チームの練習が終わったあとも、プレミアリーグのプロ選手なのに、自分でボールを抱えて毎日のように近くの公園に行った。

ロンドンの自宅から歩いてすぐのところに公園があった。ひとりでイメージトレーニングしながらボールを使って自主練をした。そうやって練習していると、焦る気持ちを落ち着かせられる気がした。

ほぼ毎日のチームの練習は、しっかりとメニューも強度もバランスも、やるべきことが徹底管理されていた。そんな練習後に、我流でやっていた。結局、トレーニングをやりすぎてしまうことになる。完全なオーバーワークだった。

このオーバーワークによる疲労の蓄積も、のちに頻発するケガに悩まされることになってしまう要因のひとつだったと思っている。


ただし当時は、引き離されたくない、うまくなりたいという思いだけ。焦る気持ちをコントロールできず、とにかくもがいていた。

やることなすこと、悪循環だった。

自己評価の基準が、自分の成長よりも、まわりとの比較にあった。劣等感にのみこまれて、他人の目ばかりを気にしていた。ベンゲルがどう見ているか、あの選手がどう見ているか——。

自分よりも相手ばかりに目が向いていた。

そんな半年が、何の結果も残らない、残せないまま過ぎていった。そして、ほとんど出番のないまま、環境を変えることになった。

2 ボルトンで取り戻した自信

出場機会を求めたレンタル移籍

アーセナルとは4年半の長期契約を結んでいた。将来性も見込んでもらっての長期契約だった。

まず、フェイエノールトに半年行った。そこでの活躍を認めてもらい、アーセナルがハードルの高いイギリスの労働許可証取得に動いた。それがかない、晴れてプレミアリーグの名門の一員として、正式にリーグに登録された。

しかし半年間、ベンチ入りはできたが、なかなか試合に出られなかった。

サッカーでは試合に出ることでしか得られないものがある。特に10代のうちは真剣勝負の公式戦の1分、1秒が血肉となり成長の糧となる。

とにかく試合に出たい――。そんなモヤモヤした気持ちで過ごした半年間だった。

2012年の1月末にチャンスが舞い込んだ。ヨーロッパに渡ってプロになり、ちょうど1年が経過した頃だった。

2011－2012年シーズンの半ばで、アーセナルから再びレンタル移籍することになった。

この時のレンタル移籍が実現したのは1月31日。冬の移籍期間の締め切りギリギリだった。デッドライン前日の1月30日に、ベンゲルから直接伝えられた。

新天地はボルトンというプレミアリーグのチームだった。

正式なチーム名はボルトン・ワンダラーズFC。かつて、中田英寿さんや西澤明訓《あきのり》さんらもプレーされたチームで、イギリスの北部の都市ボルトンがホームタウン。

大都市のマンチェスターにも近く、アーセナルのあるロンドンから北へ300キロほどのところに位置していた。

しかもボルトンに行く2月1日は、ちょうどアーセナルとボルトンの試合がある日だった。アーセナルにとってのアウェー、つまり敵地のボルトンが舞台だった。

チームは試合に行くが、僕は同じ場所に移籍で行くという、何だかおかしなことになった。

遠征の集合場所に、みんなは移動で着るジャージ、おそろいの服を着てやってくる中、僕だけ荷物を詰めたキャリーケースを引っ張って、私服で登場。試合に集中していた選手は「リョウ、どうした？　何で私服なんだ？」と聞いてきた。

移籍そのものは前日に両チームから発表されていたが、僕は聞かれるたびに「今から、ボルトンにレンタル移籍で行くんだ」と説明した。

ボルトンに着いてから、アーセナルが滞在するホテルの食事会場で、ベンゲルやみんなに「行ってきます」とあいさつをした。


ボルトンのホームスタジアムに到着すると、今度はボルトンのスタッフがやってきて、こっちだよと手招きされた。案内されたのは、もちろん、ボルトンのホーム側のスタンド。

試合は0－0だった。

サッカーはいつも、自分のチームが勝つように、それだけを信じてプレーして、見続けている。必ず片方の、自分のチームの勝利を求めている。今もそれは変わらない。

でもこの試合だけは、すぐに理解が追いつかない複雑な感覚だった。

0－0で終わり、何だかほっとしたことを覚えている。不思議な90分だった。

―― 移籍を後押ししてくれた最高の推薦者ジャック・ウィルシャー ――

あとでいろいろ聞いてみると、やはりサッカー界ではあまりないことで、珍しいタイミングで試合と移籍が重なったレアケースだった。

ただ、アーセナルとボルトンには縁があった。

アーセナルのチームメイトで同い年、僕が「ジャック」と呼んでいたスター、ジャック・ウィルシャーが、ちょうど2年前、ボルトンに同じように半年間の期限付き移籍で行ってプレーし、結果を出して戻ってきて、アーセナルでも活躍していた。

じつはこの移籍は、ウィルシャーの口添えで実現した。

彼が「リョウはいい選手だ」とボルトン側に連絡を入れてくれていた。直接、当時の監督とも話し、推薦してくれた。

ウィルシャーは、16歳の時にアーセナルでプレミアリーグにデビューして、18歳でイングランド代表に選ばれていた逸材中の逸材。当時、イングランドはもちろん、世界中でも最も注目されている若手のひとりで、最高の推薦者だった。

ウィルシャーからも直接「ボルトンはいいチームだから、楽しんでこいよ」と言われ、送り出された。

ウィルシャー効果は、すごかった。

監督のほかにも、知っている何人かの選手に連絡して直接、「リョウはいい選手だ」と話してくれていたことが、加入してすぐにわかった。

本当に助けてもらった。

例えば、ボルトンには当時、韓国代表のイ・チョンヨン（李青龍）という、すごい選手がいた。2010年に南アフリカで行われたワールドカップにも出場し、ゴールも決めた韓国のスター。ボルトンでもすでに活躍していて人気があった。

彼は僕がボルトンにすぐなじめるように気を遣ってくれた。活躍しやすい状況まで作ってくれた。やさしかった。本当によくしてもらった。4つ年上のお兄ちゃんのような存在だった。

そのイ・チョンヨンは、移籍が決まったタイミングの試合で、スタジアムでウィルシャーから紹介してもらった。

スタンドから下に降りて、スタジアムの中に入っていくと、ウィルシャーが「ちょっと来いよ」と言う。ロッカールームで紹介してくれた。それが初対面。「ウィルシャーから聞いてるから」と笑顔で握手。第一印象から、すごくいいお兄ちゃん、そんな感じがした。

イ・チョンヨンとは同じポジションだったが、彼はそのシーズンの開幕前に、右足を骨折。全治9カ月でリハビリ中だった。

ただ、すでに前年から活躍をしていて、完全にチームの中心的存在だった。

イギリスからすれば、日本と韓国は同じアジアの遠い国。ボルトンでは「イ・チョンヨンの弟が来る」と言われていたと、あとになって聞いた。確かに僕は、弟のようにかわいがってもらった。

会話は日本語と韓国語でというわけにはいかず、やりとりは英語だったがまったく問題なかった。

毎日ホテルから練習場まで、まだが免許なかった僕をずっと送り迎えしてくれた。さらに毎日のように家に招待してもらい、ご飯も食べさせてもらった。

韓国料理は本当においしかった。

イギリスの料理よりなじみがあって、何よりお米がある。

サムギョプサルを、ずっと食べていた。とにかくおいしい。こんなに毎日サムギョプサルを食べるんだ、とビックリするほど食べさせてもらった。

最初は、部屋が決まるまでしばらくホテル生活だったが、その間もホテルにいることはほぼなかった。ずっとイ・チョンヨンの家にいた。すごく気が合った。

今も連絡を取り合っている。彼も結婚して子どももいるが、あの頃は独身で、妹と、いとこと3人でボルトンに住んでいた。3人ともよくしてくれた。4人で家族みたいな生活だった。

海外に出てプレーする選手の責任

ボルトンには中田英寿選手がかつて所属されていたことも、大きかった。中田さんがボルトンにいらした時、トレーナーの山本孝浩さんという方もボルトンで仕事をされていた。トレーナーはケガをした時のリハビリなどをサポートしてくれる存在だが、僕が移籍した頃にもまだ、中田さんや山本さんと一緒にやっていたという外国人のトレーナーなど、当時を知る人が何人かいた。

山本さんはチーム内で「タカ」と呼ばれていた。当時を知るトレーナーは「タカには、いろいろ教えてもらった。だから、今度は俺がリョウの面倒を見る番だ」と言って親身になってくれた。

最初から温かく受け入れてもらった。日本人に対してのリスペクトというか、いい雰囲気もあり、すごくいいチームだった。

間接的に「中田さんありがとうございました」ということにもなるが、これは海外でプレーする選手にとってすごく大切なこと。ある意味、使命でもあると感じている。

中田さんや山本さんがすばらしい人物で、チームにも受け入れられていた。だから、その後やってきた僕が同じ日本人というだけで、よくしてもらえた。

これは、場合によっては、逆になることもある。

もし僕が、失礼な態度を取ってチームに受け入れられず、悪い印象を残したまま去ったとしたら、その後、同じチームに日本人が来た時、どういった扱いを受けることになるか――。

海外に出てプレーする選手の責任は本当に大きいと思う。

10年以上もの長い間海外でプレーを続けている麻也くんも、この点は本当に大切にしている。

自分のことだけでなく、次に来る日本の選手――実際には、来るかどうかわからないのだけれども――にもつながるように日々やっていく必要がある。プレーも生活態度もすべて。

そんなこともボルトンで教えてもらった気がする。

チームメイトの心をつかんだ熱唱

もうひとつ、ボルトン時代、チームにすばやく溶け込むことができた大きな要因として、忘れられない思い出がある。

日本にはない習慣のようだが、ヨーロッパのサッカー界、少なくとも僕がプレーしたイギリス、オランダ、ドイツではそうだったが、新加入選手を迎え入れるために受け継がれてきたある〝しきたり〟があった。

シーズン開幕前の集まり、歓迎会で新人や移籍で新しくやってきた選手は、順番にひとりずつ歌を披露しなければならない。それがルールだった。

多くは、シーズン開幕前に集中してチーム作りを行うキャンプで行われる。初日ではなく、2日目のことが多かった。食事はどのチームも、そろって食べる。ディナーがそろそろ終わろうかという頃合いになると、誰かがナイフやフォークで、グラスをリズムよくたたきだす。「カ〜ン、カ〜ン、カ〜ン」。日本だと行儀が悪いが、これが合図。たいていは、チーム在籍が長いリーダーが音頭を取る。すると、新加入選手以外も、自分のテーブルで、同じように「カ〜ン、カ〜ン、カ〜ン」とリズムを合わせてたたきだす。

大きな音が食事会場全体に響き渡ると開演の合図。ショーがスタートする。

振り返れば、フェイエノールトにもボルトンと同じようにシーズン途中で加入したが、その時はなぜか歌う機会がなかった。

初めてその機会が巡ってきたのは、新シーズンの開幕をアーセナルで迎えた2011年の夏、中国遠征の時だった。そんな〝しきたり〟があるとは知らず、とっさに日本語の名曲を投入した。『大きな古時計』。平井堅さんのほうではなく、童謡の基本形をとりあえず大声で、日本語で熱唱した。

チームメイトは誰もこの歌を知らなかったが、そもそも日本語が珍しかったからか、それでもある程度はウケた。ただ、「これでは、ダメだ」と反省した。

この時は食事会場にベンゲルもいた。名古屋グランパスにいた当時は日本語を耳にしていたはずで、久しぶりに聞いた日本語が、僕のこの歌だったかと思うとちょっと申し訳ない気もする。

そんな反省もあって、ボルトンの時は少し考えた。

イギリスといえばクイーン。名曲『We Will Rock You』を歌った。すると、ものすごい盛り上がりで、途中からは全員で大熱唱。これでみんなに声をかけてもらえるようになり、一気にチームに迎え入れてもらえた。

ちなみに、結構な衝撃だったようで、その後プレーしたチームでも歌った時には新聞に取り上げられた。デイリー・ミラーという大衆紙で、イギリスではかなり有名な新聞。見出しは「宮市がクイーンになった」。ボーカルのフレディ・マーキュリーの写真の顔が僕に替わっていた。これには驚いた。

ポイントは選曲。聞いたことがある一般的なヒット曲なら、まわりも盛り上がりやすい。歌のうまさを競う場ではないから、大声を張り上げればＯＫ。それだけで盛り上がる。

名曲の『Stand by Me』も効果絶大だった。あの歌い出しで、みんなピンとくる。本当に、ひとつになれる気がした。

意外かもしれないがヨーロッパの選手の多くは、恥ずかしがる。伴奏や演奏はなく、アカペラで歌うことが多い。選手の手拍子はあるが、かなり緊張する状況ではある。スマートフォンをスピーカーにして自分の選曲を流しながらカラオケのように歌う選手も多かった。

ほとんどの選手はうまく歌おうとするが、これは間違い。誰もそんなテクニックは求めていない。大事なのはハート。とにかく、盛り上がることができたら、それでいい。大事なのは思いきりやり切ること。チームメイトに新たな一面を見せて自分をさらけ出せば、新参者に対する雰囲気は一変する。このチャンスを利用しない手はない。たった1曲で仲間に入れてもらえる可能性があるのだから。

これから海外移籍をしたいと心に決めている選手はサッカーの練習とともに、この〝持ち歌〟も準備して練習しておいたほうがいい。

この場で〝つかみはOK〟となれば、その後の新天地での生活が激変するはずだ。

プレーすることで再びつかんだ自信

いろいろな人たちのおかげで、温かく迎えてもらい、すんなり溶け込めたボルトンでは存分に力を発揮することができた。

自分の力が通用する――。それは初日の練習でわかった。優勝争いするアーセナルと、このシーズンは残留争いをしていたボルトン。チーム力にも、選手の力にも差があった。

レベルの差なのか、気持ちの余裕も生まれ、アーセナルで自分を見失いかけていた僕が、ボルトンでは「自分が一番うまいんじゃないか？」と思えるほどに、頼りにされた。こういった感覚的なものは、選手なら、一日練習しただけでわかる。行ったその日の練習で「やれる！」という気持ちになった。

自分が生き返ったように思えた。フェイエノールトにいた時と同じような感覚だった。生き生きとプレーでき、チームメイトからも、すぐに頼られるようになった。またここで活躍して、アーセナルに凱旋《がいせん》してやる――。そんな気持ちになった。

象徴的なプレーも見せることができた。

２０１２年２月25日のチェルシー戦で、左サイドをスピードでぶち抜いたシーン。印象的だったのか、今でもよく話題にしてもらうことが多いワンプレーだ。

フェイエノールトでは太くて長い矢印で、「前へ！」という指示を受け、その通りサイドを突破できていた。ただ、オランダで通用したことを、その後の半年間いたアーセナルでは練習でも試合でも、出し切ることができなかった。そのせいで、自信を失いかけ、自分に対しても半信半疑になっていた。

オランダよりレベルの高いプレミアリーグでも縦へのスピード、速さが通用するのだろうか――。そんな疑問がこのワンプレーで解決した。

それも相手は、アーセナルと同じくロンドンをホームタウンにする強豪のチェルシー。この２０１１－２０１２年シーズンは、欧州チャンピオンズリーグを制

2012年2月25日、ボルトン対チェルシー戦でのスピードに乗ったプレーで、ブラニスラヴ・イヴァノビッチを抜き去る（写真：AP/アフロ）

している。つまり、世界一強かったチームだ。

プレミアリーグでも、特別なチェルシーが相手でも、自分のスピードが通用すると確信できた。


あの瞬間は、はっきり覚えている。

まずセルビア代表のブラニスラヴ・イヴァノビッチをスピードで抜いた。慌てて、イングランド代表のガリー・ケーヒルが寄せてきた。

絶対にスライディングして止めにくる。そう察知した。僕は完全にスピードに乗っていた。瞬間的、感覚的なものだが、滑り込んできても絶対に触れさせない、そう確信できた。むしろ、滑ってきてくれと願ったほどだった。

相手はスピードを警戒していたはずだが、その対応を見て、想像した速度を完全に上回っていたということがわかった。

スピードを生かした突破を封じるような対策を講じられると、同じようにはいかなくなるが、それでもシンプルにスピードでは誰にも負けないということが確認できた。

再び、自信をつかんだ。

監督の要求もシンプルで、わかりやすかった。とにかく、前に仕掛けて突破してチャンスを作ってくれ――。そんな感じだった。

幼少期からずっと、同じようなプレーを求められていた。「おまえに任せた！」という感じで、ボールを預けられていた。

高校時代もそうだった。僕のサッカー人生は、決して強豪というチームにいたわけではない。

だから、いつも任される立場だった。自分には、シンプルなこういうスタイルが合うのかもしれないとも思えていた。

移籍して早いうちに、そんな歓迎すべき状況を経験できた。

この半年はいい思い出ばかりだった。

チームにも、出番にも、人にも恵まれた。半年間でリーグ戦12試合に出場した。チャンスメークに徹したこともあってか、ゴールこそなかったが、ほぼすべての試合に出ることができた。

土地柄なのか、ボルトンは、とにかくいい選手が多かった。

イギリスは北のほうに行くと、気取っていないと表現したらいいのか、気さくな人が多かった。ロンドンは都会。ボルトンは、それなりに大きい街だったが、ロンドンとくらべると地方都市で田舎。でも、みんな気さくで明るかった。

北部のプライドがあるのか、「リョウ、どうだ？　ロンドンより、ノース（北部）のほうがいいだろ⁉　いいやつばかりだぞ」と、みんなからいつも念押しされた。「イエス‼」と答えると、また喜ぶ。そんな楽しい日々だった。


ただ、長くは続かなかった。

本当にいいチームだったが、僕の力不足もあり、プレミアリーグに残留させることができなかった。チームがプレミアリーグに残っていれば、助っ人として僕も、このチームに残留できていたはずだったが、アーセナルはプレミアリーグの下のリーグ（２部相当）ではプレーさせたくなかった。

半年でボルトンを離れて、次の２０１２－２０１３年シーズンには別のチームを探すことになった。

3 ウィガンで思い知ったケガの怖さ

プレミアリーグにこだわった移籍先探し

アーセナルからの三度目となる移籍先探しで困ることはなかった。

この時もフェイエノールト、そしてボルトンでのプレーぶりを評価してくれるチームが、欧州にはたくさんあった。

イギリス国外のチームからも、たくさんいい話をもらっていた。再び、ボルシア・メンヒェングラートバッハや、フェイエノールトが獲得に乗り出してくれたが、アーセナルも僕もプレミアリーグにとどまる道を選んだ。

プレミアリーグには「Home Grown（ホームグロウン）」という制度がある。日本語に訳せば、「自国育成」とでもいうのだろうか。21歳までに3年間イングランドかウェールズのクラブでプレーすれば、国籍に関係なく、自国選手扱いになるというルールだ。自国選手扱いになると、選手登録枠の面で優位となり、チームも、選手自身も、イングランドでプレーする上で、大きな恩恵を受け続けることができる。特別な制度だ。ベンゲルからも直接、「どうしてもホームグロウンを取らせたい。リョウを国外に出すことはできない」と言われた。

2012年8月、次の移籍先はプレミアリーグのウィガン・アスレティックFCに決まった。今回も期限付き移籍だった。

ウィガン・アスレティックのホームタウンは、ボルトンと同じくイングランド北部に位置する街ウィガン。「ラグビーの街」としても有名だった。

ウィガンというチームには、前シーズンまで、ビクター・モーゼスという有力なウイングの選手がいた。2018年には、ワールドカップ・ロシア大会にナイジェリア代表として出場し、得点も決めている。

彼がチェルシーに移籍し、大事な攻撃的なポジションに空きが出た。そして、ボルトンでの僕のプレーを見ていた監督が、そのポジションに僕をほしがってくれた。

ベンゲルからも後押しされた。当時、ウィガンはすごくいいサッカーをしていた。二つ返事でウィガン行きを決めた。

ウィガンでの最高の出会い

ここでも最高の出会いがあった。本当に、僕はいつもまわりのすばらしい人たちのおかげで、生きていけていると思う。

ウィガンにはアリ・アル・ハブシという、中東オマーンの代表ゴールキーパー（GK）がいた。

ものすごくすばらしいキーパーで、日本代表も彼には相当苦しめられたほどの実力者。オマーンでは英雄の中の英雄。そのうち〝大統領〟にでもなるんじゃないか？　そんな圧倒的な人気と実力を兼ね備えた国民的ヒーローだった。

彼はオマーン人で、唯一のプレミアリーガーだった。

10歳くらい年上だったが、とにかくすばらしい人物で、人格者だった。

僕は移籍後、なかなか住む場所を見つけられなかった。その間、ホテルではなくアリさんの家に住まわせてもらった。ボルトンのイ・チョンヨンもそうだったが、またすべて助けてもらった。

今度は韓国ではなくアラビア様式の生活。見よう見まねで、手を使ってそのままご飯を食べたりもした。なじみはなかったが、2カ月も一緒にいるとそれが普通になってくる。何の問題もなく、毎日、普通に箸やスプーンを使わず、食事をしていた。

アリさんはオマーンの英雄。だが、気取ったようなところがなく、一切偉そうにしない。一緒にいても、こちらにストレスを感じさせない。こうなりたいと思わせるすばらしい人物だった。

いくらチームメイトとはいえ、相手はほぼ初対面の若造で、オマーンと日本は遠く、共通点も少ない。にもかかわらず、2カ月も自宅に泊めてくれた。普通はできない。それを当然のようにしてくれたアリさんのあの人柄。今でも、感謝してもしきれない。

アリさん一家と一緒に暮らすので、もう家族同然だった。よく娘さんと遊んだ。こちらが遊んでもらっていたのかもしれないが、そもそも〝居候〟のきっかけも向こうからだった。

移籍してすぐ「どうするの？　家が決まってないんだって？」と気さくに声をかけてく

れた。「はい」と答えると、「じゃあ1回ご飯を食べにおいで」と誘われた。

ご飯を食べているうちに、「リョウ、ここに住んだらどうだ？　その間に住むところを決めたらいいから」。本当にビックリした。こんなノリでとんとん拍子だった。

実際、アリさんがいろいろと不動産屋をあたってくれた。なぜこんなにやさしくしてくれるんだろう……。驚きの日々だった。


すばらしい人物といえば、ウィガンでは本当にいい監督にも出会った。

のちに2022年のワールドカップ・カタール大会までベルギー代表を率いることになる、スペイン人のロベルト・マルティネス。

よく声をかけてもらった。結局、ケガもあり、ほとんど試合に出られなかったが、それでもいつも心からの温かい声をかけてもらっていた。

「リョウ、絶対にいい時がくる。だから、まず、今を頑張れ」

ウィガンは自分のスピードを生かすことができるスタイルだった。そんなサッカーをしていた。

ウイングに僕の特長にピッタリの前に仕掛けるタイプの選手を置き、重用していた。実際、ウィガン行きが決まってマルティネスと話し合った時も、ボードを使って、「こういうサッカーをしている。君のことは、フェイエノールトの頃から見ていた。本当に、君のようなタイプの選手がほしかったんだ！　存分にスピードを発揮してくれたらいいから」と言われた。

さらにもうひとり、この頃から、とてもお世話になっている人がいる。当時、「赤い悪魔」、世界屈指の名門クラブ、マンチェスター・ユナイテッドＦＣに所属していた日本代表の10番、香川真司選手、「真司くん」だ。

真司くんとはもう、ほとんど〝同棲〟していたといってもいい時期があった。ウィガンはマンチェスターの隣町といっていいほど近かった。生活圏もそんなに変わらない。その上、互いの自宅は車で15分で行き来できるほど近かった。

住む部屋が見つかってからは、毎日のように会っていた。真司くんにご飯を食べさせてもらって、そのまま真司くんの家に泊まって、翌朝には、それぞれチームの練習に行く生活が、基本パターンだった。

真司くんが住んでいたマンションにはウィガンのチームメイトもいた。そのチームメイトも、僕たちの仲のよさに驚いていた。
何よりスーパースターなのにとても気さくで、僕をかわいがってくれた。

真司くんとの出会いは僕が19歳の時だった。初めて日本代表に呼んでもらって「はじめまして」とあいさつした2012年2月。この時初めて言葉を交わした。

次に会ったのが、その年の5月と6月の日本代表の活動だった。それまで僕はボルトンでプレーしていたが、ひとまずアーセナルに帰ることになっていた。真司くんはドイツのボルシア・ドルトムントからマンチェスター・ユナイテッドへの衝撃的な移籍が決まった頃だった。

同じイギリスに偉大な先輩が引っ越してくる。真司くんから「そっち行くから、よろしくな」と言われて、少しだけ情報交換した。ボルトンもマンチェスターに近かったからだ。その後、まるで真司くんに引き寄せられるようにウィガン行きが決まった。縁を感じた。

真司くんはやさしい。すぐに連絡をくれた。

「1回、ご飯でも食べに来いよ」

緊張ぎみにお邪魔した。初めてじっくり話をさせてもらった。めちゃめちゃいい人だった。「1回」だったご飯が2回になり3回になり、〝半同棲状態〟になるまであまり時間はかからなかった。

初の大ケガとなった右足首の靱帯損傷

アリさん、監督のマルティネス、真司くん……。ウィガンでは人にも、サッカーのスタイルにも恵まれ、あとは活躍するだけだったが、実際は、そううまくいかなかった。ケガで大きくつまずいた。

ウィガンに移籍して以降、たびたびケガに悩まされ、出番を確保することができなくなっていく。ボルトンまではまだ、ケガに対する怖さはほとんどなかったのだが。

初めての大きなケガといえるものが、この頃続いた。

2012年11月17日のリバプール戦。当時は「右足首捻挫」ということになっていたが、じつは靱帯《じんたい》を激しく損傷していた。

試合2日前の練習中、足首をひねった。かなり痛かったが、リバプール相手に出場できそうなチャンスだった。

ここで結果を出して、レギュラーの座をつかみたかった。そんな状況で訪れた絶好のチャンス。足首の痛みはあったが、休むわけにはいかない。とにかく試合に出たい。無理を言って、足首をテーピングでぐるぐる巻きにしてもらって出場した。

それでも、痛くて痛くてたまらなかった。試合後、検査で靱帯の損傷が判明した。そこから、長期のリハビリに入り、試合から遠ざかることになった。

復帰まで長くかかった。4カ月もかけて、ようやく試合に出られるまでになった。復帰戦は2013年3月9日のFAカップ、エバートンFC戦だった。

ところが、この試合で、またも悪夢のような出来事に見舞われた。同じ右足首に大ケガをしてしまったのだ。

右足首の大ケガから始まった負の連鎖

途中出場したエバートン戦の後半、右サイドに流れたボールを追い、ピッチの中央からサイドに向かってピッチを横向きに、ほどよいスピード感で走っていた。相手ゴールに向かって走っていたわけではない。相手にとって、ゴールに向かってくるような危ないシーンではなかった。

そこに、信じられないような深いタックルが飛んできた。

まるで足払いか何かのように、ひっくり返された。足首をそのままボーンと持っていかれた。足に強い衝撃が加わり、足首で嫌な音がした……。


そのままボールの動きを追い、プレーを流していれば、スローインになるところだった。こんな状況でスライディングはしてこないはず――。

どこかで、そんな安心感、油断があったのかもしれない。

相手はベルギー代表のケヴィン・ミララスという選手だった。荒いプレーを仕

2013年3月9日、ウィガン対エバートン戦でケヴィン・ミララスのタックルを受けた際に右足首を負傷（写真：ロイター/アフロ）

掛けてくる危険なプレーヤーではあることはわかっていたが、「まさかここでタックルにくる?」「そんなに深く、一気に?」という驚きのほうが大きかった。

「やってしまった」というのが第一印象だった。

すぐに立ち上がることはできなかった。スパイクを脱がされて、担架に乗せられ退場した。


右足首の外側、捻挫したり足をくじいた時に痛みの出ることが多い、前距腓《ぜんきょひ》靭帯の損傷だった。

すぐに手術し、人工靭帯になった。今でも人工靭帯のままで、足首の骨にねじでとめてある状態だ。

当時はひどい足首の捻挫ぐらいに思っていた。完治すれば問題ないだろうとあまり気にしていなかった。痛みが取れて動かせるようになると、違和感もなくなり、ひどい後遺症もなかった。

ただ、これ以降、何度も大きなケガが続くことになる。


ケガをするといつも「なぜなんだ?」「何で?」と、自分なりにいろいろ考える。そして、理由を探っては対策を講じ、予防やケアを続けてきた。だが、今振り返ると、大ケガを繰り返す元凶はこの時の右足首の大ケガにあったようだ。

補強するように人工靱帯にしたことも含め、足首のクッション性のなさが、のちに大ケガを繰り返すことになる右膝にも悪影響を及ぼしていた。

この右足首のケガが負の連鎖のスタート地点だった。

公式戦7試合の出場にとどまった苦いシーズン

この時、2012-2013年シーズンはまだ2カ月ほど残っていた。

しかし、僕にとってのこのシーズンは、これで終了してしまった。公式戦の出場は、リーグ戦の4試合を含め、7試合だけ。まったくといっていいほど試合に出られず、チームに貢献できないまま去ることになった。

それでも、マルティネスは、一切僕に対する態度を変えなかった。

足首をケガして、もうシーズン中の復帰はかなわない。そんな状況でも「絶対大丈夫だ。リョウのキャリアは、本当にすばらしいものだし、そうなるから自分を信じて頑張れ」といったポジティブな言葉ばかりを、マルティネスは届けてくれた。

僕だけではなく、他のケガをした選手も含め、チームの全員に気を配って、声をかけていた。チーム全体まで細かく目を配るチームマネージメントがすごかった。


ベンゲルは、どちらかというとあまり多くを語らず、オーラを漂わせ、淡々と決めていくレジェンドだった。

まだ若かったマルティネスは40歳になる頃で、60代だったベンゲルとはまったく違っていた。選手とコミュニケーションをよく取る監督で、チームの雰囲気もよかった。今だから言うのではなく、当時から「きっと名将になるだろうな」と思っていた。

ウィガンは実際、このシーズンにクラブ史上初のタイトル、FAカップを取った。残念ながらプレミアリーグからは降格したものの、マルティネスはシーズン終了後、より大きなクラブ、エバートンに引き抜かれた。その後、ベルギー代表の監督になり、2018年のワールドカップ・ロシア大会でチームを3位に導いた。

4　再び、アーセナルでの苦闘

ケガの痛みよりもプレー機会を優先する

ウィガンは初めて1シーズン通して在籍したチームとなった。ただし、ケガで満足にプレーできなかった。

右足首の大ケガをしたエバートン戦後、僕はすぐにロンドンに戻って、所属元のアーセナルの管理下で手術を受けていた。そして、ロンドンで治療とリハビリに専念し、新シーズンに向けて再起を図ることになった。

再び試合でプレーできるようになったのは、2013年7月。復帰までに再び4カ月あまりかかったことになる。

その時点では、8月から始まる2013－2014年シーズンをどこのチームで過ごすのか、明確になってはいなかった。

開幕前の準備期間はアーセナルの一員として過ごした。

プレシーズン中には、僕にとって初めての日本ツアーもあった。まず、2013年7月22日、故郷の愛知・豊田スタジアムでアーセナルと名古屋グランパスとの親善試合が組まれた。名古屋グランパスの監督時代にタイトルを取ったベンゲルの記念試合だったが、僕も注目してもらい、出番をもらうことができた。

ところが試合中、相手DFと競り合った時、アクシデントが起きた。体ごとぶつかると、左の脇腹あたりに痛みが走った。

そのままプレーを続けたが、試合後に検査をすると、肋骨にヒビが入っていたことがわかった。

サッカーに限らず、アスリートの世界はどこもそうだと思うが、ケガをして休んでいる間もキープしていた席がそのまま空席であり続けるということは絶対にない。ポジションを奪われてしまう。特に僕はポジションを奪う挑戦者の立場だった。

なかなか「ケガをしました」とは言い出しづらいところがある。2012年のリバプール戦の時もそうだったが、多少のケガであれば、無理をしてでも出場して、チャンスをつかみたいと考える。

実際、多少の痛みは気にせず、プレーを続けてきた。この時も同じだった。4日後の7月26日に、埼玉スタジアムで浦和レッズとの親善試合があった。チャンスがもらえるのであれば、どうしても出たかった。

浦和レッズ戦でも、後半開始からプレーするチャンスをもらった。

多少の痛みはあったが、「いける」と自分で判断した。「左の脇腹が痛いかな?」、そんな程度だと自分に言い聞かせ、「いける」「いける」と何度も唱えて、何食わぬ顔でプレーしていた。

プレシーズンは僕のような立場の選手には貴重なアピールの場。休んでなどいられない。そんな気持ちだった。だから、プレーをやり切った。

アーセナルで再び感じた圧倒的な緊張感

この我慢も実を結んだのか、その後ロンドンに戻ると、再出発のチャンスが与えられた。ベンゲルから「今シーズンは、アーセナルでプレーしてもらう」と伝えられたのだ。

背番号は31。前回、2年前に半年間プレーしてリーグ戦出場は0だった。

同じ背番号でもう一度、アーセナルの選手として迎えてもらい、期待もしてもらっていた。

「今度はチャンスも与えていくつもりだ。ボルトンとウィガンでの経験を生かして、アーセナルの手助けをしてほしい。頑張ってくれ」

これが、ベンゲルの言葉だった。

ボルトンとウィガンでの経験でプレミアリーグのレベルは、ほぼ把握していた。怖いもの知らずで、フェイエノールトで得た勢いに任せてプレーしていた2011年夏の頃とは違った。

実際、プレミアリーグ開幕直後の8月27日には、欧州チャンピオンズリーグのプレーオフでトルコの強豪フェネルバフチェSKを相手に出番をもらうことができた。得点はできなかったが、本選への出場権獲得に貢献することができたと思う。

9月18日には欧州チャンピオンズリーグ本戦、世界でも最高峰の戦いの1次リーグ第1戦で、フランスの強豪オリンピック・マルセイユ相手の敵地（スタッド・ヴェロドローム）での試合でも、ピッチに立つことができた。
このことは当時、日本では、欧州チャンピオンズリーグ本戦でプレーした12人目の日本選手だとニュースになったようだ。

ただし僕の中には、日本人として何人目だとか、そんな視点で自分の記録にフォーカスする考えは、一切なかった。

確かにチャンピオンズリーグはものすごい大舞台。檜《ひのき》舞台だった。アウェー、そのすごさを感じることはできた。ただ、当時のアーセナルにとって、チャンピオンズリーグは特別でも何でもなく、日常的な戦いのひとつでしかなかった。

むしろ1次リーグは通過点。勝つべき普通の試合のうちのひとつ。チーム関係者の誰に聞いても、そんな位置づけだった。

負けられない。ただそれだけ。

このアーセナルの偉大さ、緊張感に、僕はこの時も圧倒されかけていた。デビューできたことを喜んでいる余裕はなかった。自分がアーセナルでのキャリアを、この先積み重ねることができるかどうかの瀬戸際の1年だと感じていた。

天才エジルとの強烈な出会い

2013−2014年、このシーズンのアーセナルも豪華メンバーだった。各国代表ばかりで、サッカー好きなら誰もが知るような世界的なスターがたくさんいた。

中でも大きな話題になったのは、シーズン開幕後に、レアル・マドリードから、ドイツ代表の天才的なテクニックを持つMF、メスト・エジルがやって来たこと。移籍金は当時のアーセナル史上最高額の65億円ともいわれた。つまり、アーセナルがレアル・マドリードに、エジルの年俸とは別に65億円を支払ってまで獲得したということ。超大型移籍で目玉選手だった。

65億円もの価値があることは、その後のアーセナルでのプレーと、2014年のワールドカップ・ブラジル大会で全試合に出てドイツ代表の世界一に貢献したことからも、よくわかる。

エジルとの出会いが、強烈すぎた。

練習のちょっとしたプレーでも、これまで見たこともないくらいのテクニックを、さらりと披露する。本当にうまいエジルを見て、魅入られてしまった。

僕はスピードを武器とする選手だったが、自分にもあんなテクニックがあったらいいなと思ってしまった。

今なら、勘違いだったとわかる。当時は、美しいパスサッカーを強みとするアーセナルの中での生き残りを意識するあまり、自分のよさにフォーカスできず、エジルのようになりたいとさえ思ってしまった。

当時を振り返って思い出すのは、僕がフェイエノールトから戻ってきた２０１１年夏に15歳でアーセナルに加わったセルジュ・ニャブリの姿だ。２０２２年の

2013年9月30日、アーセナルの練習場でチームメイトと並んで走る。左から、ペア・メルテザッカー、メスト・エジル、セルジュ・ニャブリ、宮市亮（写真：アフロ）

ワールドカップ・カタール大会でドイツ代表の10番を背負った選手で、現在はドイツの強豪バイエルン・ミュンヘンで活躍しているが、２０１３－２０１４年シーズンはまだアーセナルに所属していた。

彼は同郷の先輩たち、ルーカス・ポドルスキやメスト・エジル、ペア・メルテザッカーといった当時のドイツ代表に名を連ねる選手たちに囲まれても一切臆することなく、プレーで「俺は絶対に負けていない」という気持ちをいつも表現していた。

技術的な少しの差は、じつはメンタルが原因であることもある。それくらい、繊細なタッチが必要とされる世界だった。

ゴルフで精神状態が乱れて、入れて当然の短いパットが入らないことがあるというが、サッカーでも似たようなことがあるように思う。

少しでも怖いという思いがあると、技術に影響してくる。トラップで、しっかりボールを止められなくなる。そして、止まらなくなると、次にボールを受ける時に、また怖くなる。しかも、すぐ隣ではエジルが圧倒的な技術を披露している。またしても、負のスパイラルだった。

もちろん、エジルは悪くない。

まず、僕自身が不安定な状態だった。そこに、エジルの信じられないテクニックが目に入る。相変わらず練習中には、武器のはずのスピードを生かすような局面を見いだせないでいた。

僕と同じポジション、ＦＷには、エジルとともにドイツ代表でも活躍し、その後、Ｊリーグのヴィッセル神戸でもプレーしたポドルスキや、フランス代表で２０１８年のワールドカップ・ロシア大会を制し世界一にもなったオリビエ・ジルーがいた。

2013年9月22日、アーセナルでのプレミアリーグ初出場を果たす。ベンゲル監督の指示を受け、ピッチへ（写真：アフロ）

ポドルスキもジルーも１００メートルを10秒台で走ることはできない。僕とはまったくタイプが違う。でも、こんな選手との競争を勝ち抜いて、本当にＦＷで試合に出られるのだろうかと自分を疑うようになった。

そこにエジルが加わり、あの技術をうらやましいと思うようになった。

「もし、エジルみたいにうまかったら。あんなパスが出せたら、司令塔でも試合に出られる」

もう、完全にないものねだりだった。

ベンゲルからは、チャンスを与えてもらっていた。

アーセナルでのプレミアリーグへの初出場を果たしたのは、2013年9月22日のストーク・シティFC戦。当初はベンチ外だったが、体調不良の選手が出て、急遽《きゅうきょ》ベンチ入りすることになった。そして、後半28分にニャブリとの交代でピッチに立った。

ほかにも、10月29日のチェルシーとの大事な試合では、先発起用してもらった。この試合は、大きなチャンスだった。しかし僕は、与えられたチャンスをつかみきれなかった。

――世界屈指のサイドバック、バカリ・サニャからもらった助言――

この頃の僕は、完全に自分の武器を見失っていた。

それを痛感させられる出来事があった。

当時、練習では控えチームの左ウイングをすることが多かった。

試合形式の練習になると、レギュラー組の相手チームの右サイドバックとして、僕の目の前にいるのはいつもフランス代表のバカリ・サニャ。当時のプレミアリーグで最高の右サイドバックともいわれた、世界でも指折りの選手だ。


サニャは特徴的な髪形を揺らしながら、身をもって、僕に世界最高峰の戦いとは何かを教えてくれた。対戦すると、封じられることもあったが、スピードで何度も抜き去ることができ、手ごたえも感じていた。

堅実な守備がサニャの売りだったから、これで自信を持つべきだった。だが、当時の僕はそう思えなかった。

自信のなさの裏返しか、僕はいつも必要以上にニコニコしていた。ある意味、自分を消し去るように感情を〝オフ〟にしていたといってもいい。

そんな姿を見て、サニャが僕にシンプルに伝えてきたのが、この言葉だ。

今も耳に残っている。

「Be Bad!」

直訳すれば「もっとやんちゃになれ！」だろうか。「もっと自分の意見を主張しろ」と理解した。

もっと主張しろ、自分を出せ、サニャはことあるごとに、そんなメッセージをくれた。僕が抱える葛藤や苦しみにも、気づいてくれていたのがサニャだった。常に練習で対峙《たいじ》していたから、僕のよさをしっかり理解してくれていた。

何度も、こう言われた。

「リョウはもっともっとやれる」
「もっと、自分のよさを出していけ」

サニャは強く背中を押してくれていた。それでも僕は、自分を信じられずにいた。自分で壁を作ってしまい、閉じこもっていた。

ポジションをつかむために必要なメンタリティー

アーセナルのキャプテンになったミケル・アルテタや、チェコ代表のキャプテンのトーマス・ロシツキーも、親身になってアドバイスをくれた。

アルテタとロシツキーからは、技術的な部分を何度も教えてもらった。

特にアルテタは、練習でいいプレーがあると、練習後、わざわざ歩み寄ってきて、「リョウ、今日は、とてもいい動きをしていたよ」と具体的な例をあげて、学びを与えてくれた。

アルテタは現在、アーセナル監督としてチームをしっかり建て直しつつあるが、当時から、言動やプレーぶりで、ピッチ上の監督といった感じがあった。今の成功も「ああ、アルテタならそうだろう」と納得できるものがある。

今思えば、ここでも失敗したと思うことがある。

ロシツキーも同じように偉大な選手だが、僕にとってはポジションを争うチーム内のライバルだった。

それにもかかわらず、どこかで彼らにあこがれの目を持ってしまっていた。世界的スターたちの存在感に圧倒されてしまった。

アーセナルというチームを、選手たちを、リスペクトしていた。大事なことだが、その思いが強すぎてはいけなかった。

必要だったのは、ポジションを勝ち取っていくんだという強い気持ち、気構え。

きっとサニャはわかっていたんだと思う。僕が遠慮してプレーしていることを。だからこその「Be Bad!」だった。


このメンタリティーでは、もうレギュラーポジションをつかむことは無理だったと思う。心技体でいうところの心が整っていなかった。アーセナルの選手たちをリスペクトしすぎて、自分を追い込んで、苦しんでいた。

次第に存在感をなくし、10月末を最後に公式戦の出番がなくなった。

すると、練習に行くのも嫌になってくる……。

その頃、もうひとつ、心を見透かされるような鋭い指摘をされた。

11月になるとトップチームではなく、リザーブリーグと呼ばれるカテゴリーで試合に出ることが多くなっていた。控え選手や若い選手が実戦経験を積むためのリーグだ。

そんなある日、日本から岡田武史さんがアーセナルを訪ねていらしたことがあった。二度にわたってサッカー日本代表監督を務められた、あの岡田監督だ。

もともと、ベンゲルとは知り合いらしく、アーセナルまでベンゲルに会いに来られたようだったが、たまたま僕のリザーブリーグの試合とタイミングが重なっていた。

そのことをチーム関係者が伝えたようで、わざわざロンドンから1時間以上かかるレディングという街まで足を伸ばして、見に来てくださった。試合後、初対面であいさつすると、こうおっしゃった。

「宮市、おまえ、楽しんでないよな!?　もっとここ、アーセナルにいられる状況を楽しめよ」

初対面のひと言目がズバリだった。見透かされていた。すべてお見通しなのかと、とにかくビックリした。

〝ド直球〟で、まさに核心を突かれた感じがした。本当にその通りだった。返す言葉が見つからなかったし、当然、相談もできなかった。

岡田監督がそう感じられたのなら、おそらくベンゲルも同じように僕を見ていたはずだ。自信がなさげで、頼りない僕を。

――アーセナルでの挑戦に終止符を打った大ケガ――

岡田監督の言葉通り、この頃の僕はサッカーをまったく楽しめていなかった。楽しむ余裕がなかった。でも、プレーし続けるしかなかった。

サッカーしかなかった。サッカー以外の世界は知らないといってもよかった。サッカーから離れたらどうなるのか、まったくわからなかった。そんな不安から逃れるためにも、先が見えなくても、真っ暗でも、歩みを止めるわけにはいかなかった。

アーセナルで結果を出すしかない。ただただ、そう思っていた。


ところが、またしても、もがき苦しむ僕は、追い打ちをかけるような出来事に襲われた。

年が明けた2014年3月、リザーブリーグの試合中だった。

左のウイングとして先発した僕は、その時、目の前にできた広いフリースペースに出たボールを追って、全力でスプリントしていた。

「バーン！！！」

大きな音とともに、そのまま前にバランスを崩して転んでしまった、起き上がれなかった。本当に自分の中で「バーン！！！」という音がしたのだ。

一瞬、「銃で撃たれたのか？」と思った。実際に撃たれたことはないが、撃たれたような衝撃とともにまたシーズン終了となる大ケガをした。

左太もも裏（ハムストリング）の肉離れ、筋断裂だった。筋肉が裂けていた。肉離れとしては最もひどい部類に入る。プツンと切れたわけではなく、かろうじて、ぎりぎり、ほんの少しだけがつながっていたが、大ケガだった。

僕のアーセナルでの挑戦は、これで実質的に終わった。

5 どん底だったトゥウェンテでの日々

「武器を失うかもしれない」と感じた危機

左太もも裏の重度の肉離れから復帰するまでには、半年近くもの時間が必要だった。先ほど「僕のアーセナルでの挑戦は、これで実質的に終わった」と書いたが、もちろん、このケガをした時点で、アーセナルを退団することが決まっていたわけではない。アーセナルのチームドクターの診断もあり、チームからは早期復帰のため、手術をすすめられた。

ただ、この時だけは自分の中で絶対に譲れないものがあった。僕は手術を拒んだ。過去、ケガで手術を受けたことはあった。およそ1年前、2013年3月に痛めた右足首を人工靱帯で補強した時は、内視鏡での手術だった。

手術を提案され、靭帯と筋肉は別だと直観的に思った。靭帯はいいとしても、自分の武器であるスピードを生み出す下半身の筋肉にメスを入れることに対し、僕の中にはどうやっても、拭えない抵抗感があった。

もし、手術で筋肉をつなぎ合わせるようなことをしたら、もう二度とスピードが戻ることはないんじゃないか。シンプルにそう感じた。

粘り強くアーセナルと話し合った。何度も主張し、こちらの言い分を聞いてもらえるように話し合った。

チーム側は「手術がベストだ」と譲らなかった。

何度話し合っても平行線だった。僕は絶対に手術はしたくなかった。メスを入れず、保存療法でやらせてほしかった。繰り返し伝えた。結局、チームが折れてくれた。

「手術したほうがいい。けれど、そこまで強い意志があるなら、時間はかかるが、保存治療でも治る。そうしたらいい」と最終的に理解してくれた。

この時も、ある人に助けてもらった。

チームがかたくなに手術を主張する中、ボルトンに行った時にも間接的にお世話になったトレーナーの山本さんが味方になってくださった。

この当時、山本さんはウェストハム・ユナイテッドFCにいらっしゃった。ウェストハムも、アーセナルと同じくロンドンにあるプレミアリーグのチーム。そして、アーセナルにはウェストハムから来たトレーナーがいた。そのトレーナーと山本さんが知り合いだった。

個人的なつながりを通じて、メスを入れたほうがいいと手術を主張するアーセナルのトレーナーとの間を、僕の思いをくんだ山本さんがうまく取り持ってくださった。トレーナー同士で話し合い、専門知識も踏まえ、しっかり説明を尽くしてくださったようだ。アーセナルが保存療法で納得した背景には、こんな事情があった。

リハビリは日本サッカー協会（ＪＦＡ）と日本代表チームにもサポートしてもらい、東京の国立スポーツ科学センター（ＪＩＳＳ）で取り組んだ。できることをしつつ、治るその時を気長に待った。

「とにかく試合に出る」ために決意した移籍

復帰のめどが立ったのは、すでに、2014年8月に開幕する2014‐2015年シーズンが目前に迫ったタイミングだった。

開幕までにコンディションを上げていく準備期間は、まったくなかった。プレシーズン中に自分のプレーをアピールすることもできなかった。この状態では、このままアーセナルにいても先は見えているように感じた。

もしかしたらあの時、足元を見つめ直し、ベンゲルやチームに対し、「もう一度このチームで挑戦したい」という強い姿勢を示せていれば、アーセナルでプレーし続けられたかもしれない。当時の僕に、そんな心理的な強さや余裕はなかった。

とにかく、試合に出たい――。その一念だった。何より大事なことはコンスタントに出場機会を重ねること。勝負の土俵にさえ上がれないままのシーズンが続いていたことに焦りを感じていた。

次の移籍先を探す話し合いの中で出てきたのが、オランダ1部、エールディヴィジに所属する中堅のチーム、FCトゥウェンテだった。

オランダに対しては、フェイエノールト時代のいいイメージがあった。

この時もフェイエノールトからの話があった。どちらかといえばフェイエノールトに行きたいという気持ちもあった。しかし、移籍話はタイミングや縁。必ずしも選手の希望通りに進むわけではない。

当時は、移籍のスペシャリストである代理人もつけていなかった。アーセナルではベンゲルがすべてを描いてくれる存在で、その意思のもとでアーセナルそのものが代理人のような存在だった。

複雑な条件が絡み合い、フェイエノールトよりも先にトゥウェンテから大事な書面、正式オファーが届いた。

難しく考えることはしなかった。とにかく出場機会を得たかった。トゥウェンテなら、試合に出るためのハードルは、確実にフェイエノールトより低いとも考えた。

「とにかく試合に出る、出続ける。そのためだ」と自分に言い聞かせ、僕はアーセナルをあとにした。

このレンタル移籍が決まり発表されたのは、2014年9月1日。すでに2014－2

015年シーズンが始まっていた。

移籍を後押しした監督からの熱心な誘い

そのシーズンのトゥウェンテは、開幕から調子がよくなかった。そんな状況下で、まさに〝助っ人〟としての活躍が僕には期待されていた。

まだイギリスにいた時に、オランダから電話が来たこともあった。相手はトゥウェンテの監督。「期待している。頼むぞ。いつこっちに来てくれるんだ？　早く俺の、チームの力になってくれ」。直々にラブコールを受けていた。

自分の状況を冷静に判断するより先に、「こんな熱い言葉をくれるなら何とか力になりたい」と思うようになった。

しかし、肝心の体はまったく整っていなかった。それでも、「何とかなるだろう」と高《たか》をくくっていた。オランダにはフェイエノールト時代のいいイメージしかなく、スピードが通用するだろうと考えていた。

ただ、サッカーはシビアで、体はある意味正直だった。

足は治ったが、治っただけ。日常生活を送る分には問題ないが、サッカー選手でプロアスリートとしては、完全に準備不足だった。

移籍が決まり、オランダ入りする1週間ほど前までリハビリ生活だった。試合で力を発揮するための練習は、まったくできていなかった。

そこからが大変だった。トゥウェンテの練習に行った初日に気づいた。予想以上に〝足が遅くなっている〟ことに……。

何日か練習をこなしても、なかなかパフォーマンスが戻らず、上がってこなかった。スピードも戻らない。「これは、さすがにやばい」と思った。しかし、監督やチームに正直に話せる状況ではなかった。

オランダには、僕のフェイエノールト時代の強烈なイメージがあったようだ。とにかく、すごく印象的だったようで、トゥウェンテの入団会見にもたくさんの記者が来てくれていた。

チームに関係する人も地元のマスコミも、全員が「アーセナルから、あのフェイエノールトのあいつがきた!!」。そんな感じで、もう流れができあがっていた。

しかし、どれだけ必死に練習を続けても、なかなか思うように走ることができない。スピードが出ない。感覚が違う……。違和感をぬぐい去ることができないでいた。

一方で、監督もチームも、早く試合に出したいという雰囲気だった。「いつコンディションが整うんだ？」とたびたび聞かれていた。

当時は、未熟だった。冷静に自分の体と対話し、「まだ時間が必要だ」と判断を下すことができなかった。判断できる精神的な余裕もなかった。

だから、思わず言ってしまった。まだ準備が整っていないにもかかわらず、「いけます」と。

同時に、自分に必死に言い聞かせた。「試合に出たらアドレナリンも出る。試合でしか得られないものもある。きっとできるはず。出て試合勘も取り戻さなければならない」と。

――コンディション不良のまま出た試合で見た地獄――

実際に出た試合で地獄を見た。

「何とかなる」どころか、何もできなかった。

ケガからの復帰第1戦は、途中出場。後半、20分ほどプレーした。まだ、足慣らしのようなものだった。大歓声で迎えてもらった。

しかし次の試合、初先発で出た２０１４年９月21日のヘラクレス・アルメロ戦で窮地に陥る。

なんと、前半20分で足がつった。こんなに早く足がつる選手は、どこにもいない。これまで一度もなかったことだった。何度も時計を見直したが、どれだけ見てもまだ前半20分。残り70分はある。「これはやばい」。冷や汗をかいた。とにかく情けなかったが、無理してでも、走るしかなかった。

何とか、バレないよう対処しながら、時計の針を進めた。そんな状態で活躍できるわけがない。結局開始から70分ほどプレーして交代した。

もちろん、パフォーマンスは相当ひど

2014年9月21日、トゥウェンテで初先発するも、プレーは精彩を欠いた
（写真：ANP Sport/アフロ）

かった。全然ダメだった。

とにかくスピードが出ない。たとえるなら、サイドブレーキかけたまま車を発進させ、必死でアクセルを踏む感じだろうか。「このままプレーを続けていくことができるだろうか？」と不安でいっぱいだった。

まだその時点では、チームも監督も「先発1試合目だから」と楽観視してくれていた。そのまま、どんどん試合に使ってくれた。初出場から公式戦7試合連続で出た。

ところが、いつか上がってくるだろうと祈るような思いでいたコンディションが、まったく上向いてこない。まわりが期待するパフォーマンスができないでいた。

試合を重ねるたびに、ふがいない部分がどんどんピッチ上であらわになっていく。

最終的には大ブーイングを浴びた。

人生で初めてといっていい、僕個人に向けたブーイングにうちのめされた。ショックは大きかった。スピードも出ない体も重くキレも戻らない。ボールも足につかない……。

気持ちも沈んでいった。ずっとモヤモヤを抱えたままの重苦しい感じ。追い込まれていた。

仲間にも、迷惑をかけた。忘れられないひと言がある。

結果も出せないままいた、ある試合のハーフタイムの出来事。その試合も前半のプレーはひどかった。ブーイングの中、ロッカールームに戻ってくると、一緒にピッチに立っていたＦＷが「Hey!!」と詰め寄ってきた。完全にぶち切れている。

「何してんだ、おまえ！　Head Up!（顔を上げろ！）　チームのためにやれよ、もっともっと」

顔を近づけてまくし立ててきたＦＷはオランダ人のルク・カスタイニョスといい、かつてフェイエノールトで一緒にプレーした仲間だった。少しエゴが強いタイプで、「俺が点を取る!!」というＦＷだった。

素直に聞くことはできなかった。とっさに何か言い返したことを覚えているが、正確に思い出すことはできない。その時から、もう忘れてしまいたいズバリの言葉だったのだろう。

その頃、僕が考えていたことは、「自分のプレーを何とか取り戻して、実力を発揮したい」ということだけ。実のところ、チームは二の次だった。自分のことだけ考えてふさぎ込んでいた。とにかく、自分の置かれたひどい状況を変えたいと焦っていた。

そのあとの言葉が、もっとショックだった。典型的なストライカータイプで、言葉を選ばないカスタイニョスは、僕のいい時のプレーをよく知っていた。

「俺の知ってるおまえじゃない。どうしたんだよ？　リョウ。全然違うじゃないか」

そんなことは自分でもわかっている——。この言葉は本当にショックだった。

——シーズン終盤になって戻り始めたパフォーマンス——

「あれだけ期待してもらったのに、自分はこのザマか」。自分自身を責めることしかできなかった……。

結局、11月になって監督から通告されたのは〝2軍落ち〟。アーセナル時代にリザーブリーグに出ていた頃と同じ境遇行きだった。

プロの世界の厳しさを痛感した。つい2、3カ月ほど前には電話でラブコールをくれた監督から、事実上の戦力外通告。

悔しいが、そう言われても仕方ないくらいのパフォーマンスだった。

自分のサッカー人生で、最もパフォーマンスが低調だったこの頃、僕の相談にのってくれていたのが、当時ドイツ1部のシャルケ04で活躍していた内田篤人選手、「ウッチーさん」だった。

ウッチーさんは僕の心の痛みを理解して寄り添ってくれる大切な人。それでいて、こんなふうに書くと怒られるかもしれないが、「何とかなるさ」というシンプルなところは、いつも見習いたいと思っている、まるで〝メンター〟のような存在。本当に後輩思いのやさしい先輩。一緒に過ごしていると、何だか心が落ち着くような感覚があった。

トゥウェンテはオランダのエンスヘーデという街のチームで、ドイツとの国境沿いにあった。シャルケのある街ゲルゼンキルヘンまでは、車で1時間と少し。ウッチーさんの家までなら、1時間弱とさらに近く、完全に〝通勤圏〟だった。

あの頃の僕にとって、どんな時も動じることがないウッチーさんの存在は大きかった。

ウッチーさんは大事なチャンピオンズリーグの前日でも変わらない。落ち着いている。

よく考えたら、ずっとチャンピオンズリーグや、ヨーロッパリーグという欧州の大きな大会に出続けている。ウッチーさんの日常はもう、僕らの非日常だった。

前日までリビングでリラックスして会話していたその人が、次の日にはチャンピオンズリーグのビッグマッチのピッチで強豪相手にバリバリやっている。「本当にすごい、この人は」と痛感した。

オンとオフの使い分け、切り替えがウッチーさんの大きな武器のひとつだと思った。あの時、一緒に過ごさせてもらった時間は本当に濃密でかけがえのないものだった。

そんなウッチーさんのおかげもあり、僕は腐らず、練習に向き合うことができた。それが最悪の時期を脱する力となった。

本当に体は正直で、〝2軍〟に行ってコツコツ練習メニューをこなしていると、ゆっくりとではあったが、パフォーマンスもだんだんと上がってきた。

練習を積んで、リザーブリーグで試合もこなしているうちに、試合勘も戻ってきた。幸い、このシーズンは1回もケガをしなかった。

ケガが癒えたばかりのタイミングでシーズンに突入し、結果を残せず〝2軍落ち〟。そこから半年以上にわたってコツコツと練習と試合を積み重ねたことで、どんどん状態はよくなっていった。

ただ、十分に走れるようになり、よいプレー感覚を取り戻し、つかむことができた頃には、もう2014－2015年シーズンは終わっていた。

今さら何かを言ったところで〝たられば〟でしかないが、もしこのシーズンの前半と後半を入れ替えることができていれば、僕のサッカー人生はまったく違ったものになっていたかもしれない。

前半、じっくりとコンディションを調整し、パフォーマンスが戻ってきた段階を待って、満を持して公式戦に出場する。チームときちんと話し合うことができていれば、そういう選択肢もありえたはずだ。

もしそうなっていれば、僕にとっても、チームにとっても、仲間にとっても、よりよい結果を手にすることができていたのかもしれない。

第3章

負の連鎖

1　新天地「ザンクトパウリ」

最高のスタートが切れそうな新天地での予感

大半をトゥウェンテで過ごした2014－2015年シーズンが終わると、僕は22歳になっていた。18歳の誕生日にアーセナルと契約を結んで、すでに4年以上が経過し、この頃になると、「環境を変えたい」と思うようになっていた。

アーセナルに契約延長の意向があるかどうかはともかく、僕自身はレンタル移籍でシーズンごとにチームを転々とする日々を変えたかった。

レンタル移籍という立場は、移籍先のチームからしてみれば、いずれいなくなる〝助っ人〟が来たということ。長い目で見たチームの強化プランに組み込まれることはない。出場機会を得続けるには、チャンスをもらえるであろう加入後の短い期間に、圧倒的な結果を残す必要があった。

ケガへの怖さもなかったフェイエノールト時代は、それができた。しかし、レンタル移籍先の自前の選手と大差ないレベルのプレーに終始するようだと、将来を見すえた投資にもなりうる自前の選手を優先的に使うのも当然だった。

そんな難しい競争にさらされる中、チームメイトとの関係性でも、よくしてはもらえたが「どうせ来シーズンはアーセルナルに戻るんだろ？」という〝壁〟を感じることもあった。レンタル生活の難しさも感じていた。

次の２０１５－２０１６年シーズンは完全移籍で勝負がしたいと思うようになっていた。

そんな時、一番に声をかけてくれたのが、ドイツ北部にある都市ハンブルクのチーム、ＦＣザンクトパウリだった。ほかにもベルギーのいくつかのチームなど、移籍の交渉が具体化しそうなものもあったが、ザンクトパウリが一番熱心に口説いてくれた。

ハンブルクの街、スタジアム、何もかもが新鮮だった。「ここからまた始めよう、やっていこう」という気持ちになれる美しい街だと感じた。

チームも僕を必要としてくれていた。ケガもあり、ほとんどプレーできていなかったにもかかわらず、本気で、本当に戦力として考えてくれていた。

ザンクトパウリはドイツ2部（ブンデスリーガ2部）のチームで、プレミアリーグからドイツ2部への移籍となると、急激なキャリアダウンと見られても仕方ない部分はあった。しかし何よりも、自分を本当に必要としてくれるチームで試合に出たかった。

コンディションはこれまでで一番といっていいほどよく、新天地で最高のスタートが切れそう、そんな予感があった。

3年契約で実現したザンクトパウリへの完全移籍

ザンクトパウリとの3年契約が発表されたのが、2015年6月18日。約1週間後、そのシーズンのチーム始動日に合わせてドイツのハンブルクに入った。ほとんど実績のない僕と3年契約を結んでくれたことがうれしかった。

絶好調だった。アーセナルとの契約はなくなり、初めての完全移籍。心機一転、ゼロからの再スタート。開幕に向けたプレシーズンの試合から、スピードも含めすべてが通用する手ごたえと調子のよさを実感していた。

もともと、ザンクトパウリという、〝ドクロ〟をシンボルマークにした変わったチームがあることは知っていた。

ただ、本拠地がハンブルクだとは、行くまで知らなかった。ハンブルクといえば、かつて高原直泰《なおひろ》さん、酒井高徳《ごうとく》くんがプレーした伝統あるチーム、ハンブルガーＳＶがある街という認識だった。

ところが、移籍が決まって、いろいろ調べていくうちに、普通のサッカーチームとはまったく違うカルチャーが根付いた一風変わった、超個性的なチームだとわかってきた。

ドクロマークは、ハンブルクが港町であることと関連していた。つまり「ドクロ＝海賊」。

ザンクトパウリのホームスタジアムのすぐ近くには、ドイツ最大の歓楽街ともいわれる「レーパーバーン」がある。そこは、古くはハンブルクに寄港した船乗りたちが集って毎晩のように騒ぎ、大いに盛り上がった通りだった。

日本から応援に来てくれた人は、いつも「歌舞伎町の裏に、スタジアムがあるみたいなもんだね。それ以上に刺激的だ」なんて、言っていた。

ホームスタジアムのまわりを少し歩くと、ほとんどの店がドクロマークの商品を売っていた。ひと目でそれとわかるドクロのマーク入りTシャツを着た若者もたくさんいた。ファッションとしても、チームがアイコンになっており、しっかり成立していた。

ハンブルガーSVが、その名が示す通り、ハンブルクを代表する総合スポーツクラブであるのに対し、ザンクトパウリは熱狂的な地元のサポーターが応援するチームだった。

歓楽街の大きなアダルトショップがクラブの大スポンサーのひとつだったことにも驚いた。ストリップバーもスポンサーだった。スタジアムのＶＩＰルームの中には、ポールダンサーがくねくねと踊っている、そんな部屋もあった。


このチームには独特のカルチャーがあった。

チームに加わってすぐの頃、練習以外にチーム全員で取り組む行事があると知った。サイン会やファン向けのイベントかと思ったら、そうではなかった。

なんと、スタジアムにホームレスの人に集まってもらい、炊き出しをして選手が配膳する、恒例の行事だった。

完全にチームに文化として根付いていた。その日は温かいスープに肉を添え１０００人近くの人たちに振る舞った。ホームレスといっても、自立している人も多く、選手とも対等で、頼もしいサポーターでもある。

「ありがとう」「頑張れよ」などと激励された。貴重な経験だった。サッカーにはこういう形、こういった関わり方もあるんだと、加入してすぐにとても大きな刺激を受けた。

ほかにも、いろいろなマイノリティーを積極的に支援していた。特別視せずチームに受け入れ、ともに歩むスタンスを取っていた。間口が広く、社会問題にもさらりと取り組んでいる、そんな骨太のチームだった。

ザンクトパウリは、新加入選手の歓迎会も独特だった。

会場は「レーパーバーン」にあるチームスポンサーのお店、ストリップバーだった。1年に一度、夏場のシーズン開幕前に、チームの選手がここに集められる。

音楽に合わせ、いつもはダンサーがセクシーさで観客を魅了しているであろう舞台の中央でスポットライトを浴びながら、新顔の選手が1枚ずつ服を脱いでいく。鍛え上げた肉体でチームメイトを魅了し、最後はパンツ一丁になる。そこにチームメイトが寄ってたかって〝頑張れよ〟というノリで、お尻をバシバシたたく。

裸の付き合いとでもいうのだろうか。こんなノリで、お互いの距離を一気に距離を縮めていた。変わったやり方だったが、現場の盛り上がりは相当なもので、一気に仲良くなれた気がした。

ドイツで感じたサッカー文化の違い

文化といえば、プレーしてみると、スタジアムのサポーターの違いもはっきりしていた。イングランドはサッカーの母国であり、もちろんサッカーが盛んだったが、ドイツはまた違う意味ですごかった。

何といっても、サポーターの熱い応援がすごい。プレミアリーグの応援は声だけが基本だったが、ドイツは太鼓を使って一気に盛り上げていく。

これは、初めての経験で、選手としては心強かった。

プレミアリーグでも、試合中にチャント（応援歌）を歌って後押ししてもらう場面もあるが、基本は、どのチームのサポーターも集中して、試合を見ている。そんな雰囲気がある。いいプレーには、みんなで声を合わせるように瞬時に反応。たとえ地味なプレーでも「おお～」っと、こちらもみんなで反応していた。

静寂と瞬時の熱狂。その上下がまたプレミアリーグらしくて、好きだった。

1つのボールを両チームとスタンドのサポーター全員で追いかける。これはまた別の意味で「全員サッカー」だった。

一方、ドイツの熱狂的なサポーターたちは、ひたすらゴール裏でチャントを歌って、盛り上がる。試合前からスタートするため、2時間近く太鼓と鳴り物でリズムを取りながらずっと歌っている。ドイツの人はなぜか歌がうまい。声が野太く、迫力はゲルマン魂そのものといった感じだった。

両国の違いは、それぞれのサッカースタイルにも通じる部分があった。

代表チームを見ると、イングランドはどちらかといえば、伝統を重んじるクラシックなスタイル。今は変わってきているが、昔は、蹴って走る「キック・アンド・ラッシュ」といわれるプレースタイル。この伝統をしっかり守ってきたあたりは、イングランドそのものという気もする。

ドイツは熱い応援に押され、目の前の敵とも文字通り、〝闘い〟になる。応援の後押しがあることで、相手との1対1の局面でも、勝てる確率が上がる気もした。

一方で、闘うことができない選手には容赦ないブーイングが飛ぶ。技術が高く、うまい選手のスーパープレーよりも、守備で泥くさくガーンとぶつかって、奪い取って競り合いに勝った時が一番盛り上がる。

それがドイツ。1対1のボールの奪い合い「デュエル」にめっぽう強い遠藤航《わたる》選手がVfBシュツットガルト時代に、リスペクトされ、サポーターの心をつかんでいたのも、当然といえば当然だ。


街でサポーターに声をかけてもらう時も、イングランドとドイツは違う気がした。

どのチーム、どの街でプレーしているかにもよるが、イングランド・プレミアリーグのチームはどこも敷居が高く、サポーターとの距離感も遠かったように思う。

練習場にトレーニングを見学に来ることもできない。いざ試合を見に行こうとしても、チケットが高い。格式が高い感じもあり、選手はセレブ的な扱いを受けており、選手とサポーターの間には、見えない境界線がある気もした。

ドイツは基本的には開放的。もちろん、バイエルン・ミュンヘンなどは違うと聞くが、〝おらが街のチーム〟の感覚。街で会っても、身近な人に接する感じで、さっぱりしていて「おう、頑張れよ！」と気さくな対応。

こちらもあまり気を遣わなくてよかった、そんな気がした。

2　一度目の前十字靭帯断裂

はじめは左膝の小さな違和感だった

ザンクトパウリに来たばかりの頃は、本当に調子がよく、このまま順調にいくだろうと思っていた。練習試合を何試合かこなした時点で、右のウイングを任された。サイドでスピードを生かして持ち味を発揮できる攻撃的なポジションだった。

しかし現実には、ザンクトパウリでの日々も平たんではなかった。

〝事件〟が起きたのは2015年7月18日、2015－2016年シーズンの開幕に向けた最終仕上げの練習試合。相手はスペインのチーム、ラージョ・バジェカーノ。前半15分くらいだったと思う。初めて聞く音だった。

空中戦で相手と競り合って左足から着地した時、左の膝が嫌な音を立てた。

「ギリッ」

ジャンプして競り合った時に接触してバランスを崩した。サッカーではよくあること。片足で着地したといっても、膝をねじったり、おかしな方向に曲がったりしたわけではなかった。ただ、着地の勢いのまま、全体重を左足1本で受け止めた。

その時は「変な音がしたな」という程度で、痛みもひどくない。左膝に軽い違和感があったが、そのまま走ることもできた。試合に出続け、90分間フル出場した。

試合を終えて左膝をドクターに確認してもらったが、腫れもなく、「大丈夫だろう」と言われた。アイシングをして、そのまま家に帰った。

家でも膝はそんなに気にならなかった。

次の日も普通に練習に出て、スプリントのスピードを計測する30メートル走のテストに参加した。チームで一番の数値が出た。

そのままの流れでシュート練習に入った。気になるとすれば、少しだけ左膝に違和感が残っているな、といった感覚だった。

膝に大ケガをした経験はなかった。左膝の前十字靱帯《じんたい》が切れかけている、切れているなんて、1ミリも想像することはなかった。

足に力も入れることができた。前十字靱帯が切れていても、まわりの筋力があれば、ある程度やれてしまうとあとで知ったが……。

シュート練習は利き足の右から、そして左へと、いつもの流れ。左足でボールをゴールに向かって蹴ったその瞬間だった。

ボールではなく、足が「飛んでいった」ように感じた。

膝から下がぶっ飛んでいったような感覚だった。見るともちろん足はそのままだが、膝が抜けたような感じがした。「これはやばい」と直感した。

これまでのケガで感じた感覚とはまったく違っていた。すぐに練習から抜けて、クラブハウスまで歩いて引きあげた。歩くことは問題なくできる。痛みもない。でも、これは大ごとだ。冷静さを失いつつあった。

すぐさまスペシャリストのいるミュンヘンへ

膝は、太ももとふくらはぎをつなぐ、人間の体の中で最も大きな関節。大きな骨と骨、その間の膝の皿をうまくつないで前後に曲げ伸ばしできるよう、まわりには筋肉や腱《けん》、靱帯がくっついている。

膝はぐらぐらしないよう、4つの靱帯で支えられている。大きな前十字と後十字がクロスするように走り、あと2つ、膝の内側と外側に内側側副《ないそくそくふく》、外側側副《がいそくそくふく》という靱帯がある。

前十字靱帯が切れるとドクターの触診の段階で膝がぐらぐらする。だいたい、その場でわかる。「ラックマンテスト」という、決まったやり方があり、チームドクターからは「もしかしたら、切れているかもしれない」と言われた。

このケガの名前は聞いたことがあった。サッカー選手が膝の前十字靱帯を切ることは、最もショッキングな大ケガとされている。長期離脱は避けられず、復帰まで1年ほどはかかる。もしかしたら選手生命を脅かすほどのものだという、漠然とした怖いイメージを持っていた。

自分がそんな大ケガに見舞われるなんて、思ってもいなかった。すぐには現実として消化することができなかった。

最初に「現役生活が危うくなってしまうのか？」という考えが頭に浮かんだ。同時に、1年半ほど前、左太ももの裏の筋断裂に近い大ケガをした時と同じで、スピードが命だから、できれば手術は回避したいとも思った。

チームドクターも不安そうだった。「すぐミュンヘンに飛ぼう」と言われた。

ミュンヘンには膝の権威、スペシャリストがいるという。

その日のうちに飛行機に乗った。ひとりで歩いて移動することができた。頭の中は「切れていないでほしくない」「つながったままでいてくれ」。それだけだった。

その年に結婚して新婚生活が始まるところだった。

日本から妻がハンブルクに向かう日。日本で飛行機に乗ろうという、ちょうどそんなタイミングだった。妻は一度ハンブルクに着いて、そのまま僕を追いかけてミュンヘンに来てくれた。

僕は夜、ミュンヘンに到着した。あまりねむれなかった。翌朝、指定された病院に向かった。

スペシャリストは、見た目がまるでケンタッキーのあのカーネル・サンダースのような人だった。白衣ではなくTシャツ姿で拍子抜けした。胸には「ACL」と書いてあった。日本で「ACL」といえば、サッカーのアジアのクラブナンバーワンを決める大きな大会「AFCチャンピオンズリーグ」を示す3文字だが、膝の世界では前十字靱帯のことだとあとで知った。「Anterior Cruciate Ligament」の略だった。

精密検査を終えると、待機していた病室までドクターが訪ねてきた。

診断は早かった。首を横に振り、「申し訳ないけど、これは切れているね」と伝えられた。

英語でやりとりしていたが、ドクターの申し訳なさそうな「I'm so sorry.」は幻聴のように、何度も何度も頭の中で、繰り返し再生された。すぐに、入院することになった。

ドクターは「手術をしなければいけない」とだけ言い残し、いったん部屋を出ていった。

ベッドの上で頼ったのはYahoo!検索

ひとりになった瞬間、涙があふれてきた。

新加入選手として期待もされて、自分としても心機一転、これから出直そうとしていたタイミング。開幕に向けて結果も出ていた。さあ来週、シーズンが開幕する。結婚したてで、妻も来る。不安と悔しさで、涙が止まらなかった。

初めての膝のケガで、どうしていいかもわからない。どれぐらいで治るのかも、わからない。そもそも治るのだろうか——。まさに、どん底まで突き落とされた感じだった。どうはい上がればいいのか、どうすればいいのかもわからなかった。

翌日が手術だと告げられた。

まずチームに連絡を取った。監督とコーチからも電話が来た。「本当に、本当に残念だ。とにかく帰ってくるのを待ってるぞ」と言われたが、その時、僕の頭の中にあったのは「もしかしたら、このまま俺のキャリアは終わってしまうんじゃないか？」という心配だけだった。

ドイツのベッドの上で頼れるのは、当時はまだヨーロッパでも利用できたＹａｈｏｏ！検索だけだった。

「前十字靱帯」「断裂」「治る」「復帰」「選手生命」「サッカー選手」……。

検索に次ぐ検索で調べ尽くした。Ｙａｈｏｏ！は僕の味方だった。すぐに情報をくれた。検索し、出てきたのは、ラダメル・ファルカオ。僕とはくらべものにならないくらいの大物で世界的な選手だった。

このコロンビア代表ＦＷが約1年半前に同じ左膝の前十字靱帯を断裂し、手術を受けていた。それでも現役を続け、マンチェスター・ユナイテッドやチェルシーと契約し、プレーしていた。少しだけ希望が見えた気がした。

必死で調べ続けた。調べまくった。わかったことは「サッカー選手にも、結構いるんだな」「復帰している人もいるんだな」。Ｙａｈｏｏ！のおかげで、時間はかかるが復帰はできそうだと、少しだけ気持ちを強く持つことができるようになった。

いつかＹａｈｏｏ！への感謝を伝えたいと思っていた。僕は人にも恵まれていたが、こんなところにも僕の味方がいた。本当にありがたかった。今も、検索はＹａｈｏｏ！派だ。

膝に入れられた「フェラーリ」

手術室にはひとりで入った。もう、祈るしかない。なされるがまま。何も考えることはできなかった。ストレッチャーに乗せられ手術室に移動し手術台へ。

手術は、膝に新しい靭帯を再建するものだった。切れた靭帯を縫い合わせるのではなく、ハムストリング（太ももの裏）から同じような強くて大きな腱を取ってきて、それをボルトで骨に固定すると説明された。

英語のやりとりで、しっかり理解できたが、それでも「復帰できても、スピードが落ちてしまうのではないか」という不安はなくならなかった。

執刀医はあの「ＡＣＬ」Ｔシャツのドクター。あとでわかったことだが、ドイツで３本の指に入る膝の権威だった。

手術前、そのドクターが笑顔で「大丈夫、大丈夫だから」と何度も念押ししてくれた。

最後に自信満々にこう言ってくれた。

「おまえの膝に、ちゃんとフェラーリを入れておくからな」

最上級の膝にしておくぞという意味だった。「ドイツなのに何でフェラーリなんだろう?」と冷静になった今なら疑問もわいてくるが、その時はとにかく心強く感じた。

手術は成功したということだった。

全身麻酔によるオペが終わり、目が覚めるとビックリした。成功したと告げられたが、左膝には血を抜くための管が2本入っていた。

とにかく痛い。「これは本当に俺の膝なのか?」。それほどパンパンに腫れていた。ぐるぐる巻きに固定されていて、動かすこともできない。痛くてねむれなかった。

全治までは8カ月だと告げられた。6カ月で復帰できるかもしれないが、慎重にリハビリを進めて8カ月は期間を取ったほうがいいだろうと名医は言った。

退院したのは、術後2日目。パンパンに腫れた足を松葉づえで何とか補助してサポートもしてもらい、やっとのことで飛行機に乗ってハンブルクに戻った。

シーズン最終戦でつかんだ手ごたえ

ザンクトパウリで再スタートを切ろうとしていた自分がケガをして、まさか膝を大手術することになるとは、予想もしていなかったが、一歩一歩、復帰に向けて進むしかなかった。

この時も、チームメイトや先輩、いろいろな人から連絡をもらい、支えてもらった。本当にたくさんの人が連絡をくれた。

真司くんからは「真摯にサッカーに向き合っていれば、また、絶対いいことがあるから」と言われた。「頑張れ」じゃなく、「向き合え」だった。この言葉は重かった。

すべてが手探りだった。ただ、チームメイトにも同じケガから復帰した選手がいた。リハビリも復帰へのステップも、ある程度確立されていた。

それでも、自分の気持ちが復帰へと前を向きだしたと実感できるまでには、少し時間がかかった。初めてのことばかり。手探りで、見えない不安との戦いだった。

４カ月ぐらいが経過し、ようやく少しずつ走れるようになった時、目の前がパッと明るくなった気がした。やっと、前を向いて進めている手ごたえをつかむことができた。すでに痛みはなくなっていた。思っていたよりも順調な回復具合だった。

ただ、まだ１００％前向きにはなれていなかった。「宮市はもう終わりなんじゃないか？」、そんなまわりの声も耳に入る。どこかで「何でこんなケガをしてしまったんだろう……」と後ろ向きな感情を捨て去ることができないでいた。

とにかく慎重に、シンプルに、指示されたリハビリのメニューを淡々とこなして、段階を少しずつ上がっていった。一

2016年5月15日、ザンクトパウリ移籍後の初ゴールをあげ、
チームメイトに祝福される（写真：千葉格/アフロ）

歩一歩進み、試合に出るところまでたどり着いた。そんな感じだった。

復帰は2016年4月1日の1・FCウニオン・ベルリン戦だった。途中出場で、これがザンクトパウリでのデビュー戦だった。ケガから8カ月で、僕はピッチに戻ることができた。

そこから試合を重ね、5月15日、復帰5戦目のシーズン最終戦では初先発し、2得点1アシストの活躍を見せることができた。相手は1・FCカイザースラウテルンだった。左膝の違和感はない。試合後の感じも、ケガの前と変わらない。本当に普通の膝に戻ったと感じ、問題なくプレーできた。

「大丈夫」。あのドクターの言う通りだった。シーズン最終戦で最高の結果をつかみ、誰よりも早く来シーズンへのスタートを切ることができた。この時はそう思っていた。

1シーズンを戦い抜くための土台

プロのサッカー選手になって7シーズン目の2016－2017年シーズン、大ケガから回復した左膝には「フェラーリ」が入っていた。

僕は「この新たなフェラーリで突っ走るだけだ」と自分に言い聞かせていた。何が何でも結果を出して、ステップアップしたい――。そんな思いでザンクトパウリでの2年目を迎えた。

ところが、前シーズンの最終戦でつかんだはずの手ごたえとは裏腹に、また調子が上がらない時期が続いた。

開幕戦からコンスタントに起用され、出番をもらい続けてプレータイムを増やしていったが、試合の流れを変えるような決定的なプレーができなかった。得点もできずチームの勝利に貢献できない試合が続いた。アクセルを踏んでも、エンジンの反応が鈍い。そんな感覚だった。

前シーズンの8カ月の離脱が重くのしかかっていた。8カ月間はずっと左膝を回復させ、よくするためのメニューをこなしていた。走りに大きく影響する膝のケガで、トレーニングも長い間、制限されたリハビリメニューだった。膝はよくなり復帰もでき、最終戦で結果も出たことをポジティブにとらえていたが、それはうわべの結果に過ぎなかった。

サッカー選手として1シーズンを戦い抜く、その土台がまったく整っていなかった。

8カ月も試合と通常のトレーニングから離れたことはなかった。ケガは何度もあり離脱の経験もあったが、ここまで長いブランクはサッカー人生で初めてだった。走ることはできるようになった。痛みもない。ただ、肝心のスピードが戻らない。完全移籍で来たとはいえ、内心では、ザンクトパウリでの僕はアーセナルから来た〝助っ人〟のつもりだった。周囲もそう見てくれていたと思う。

今シーズンこそ、昇格の〝切り札〟になろう――。周囲の大きな期待を感じながら、そう思っていた。

ただ、周囲が僕を見る目はシビアだった。

パフォーマンスが上がらないことは、監督はじめチームスタッフにもバレていた。シーズン中盤になると、不動だったはずの僕のポジションに新しい選手が補強された。ポジション争いに巻き込まれてしまった。

「これはまずい」「こんなはずじゃなかった」と焦りが生まれ、自分を見失いそうになった。幸い、この時の僕には、トゥウェンテで得た経験があった。何とか気持ちを落ち着かせることができた。

低調なパフォーマンスの時に陥る悪癖

自分の中で、パフォーマンスが上がらない時の傾向はつかんでいた。低調なパフォーマンスの時は、試合中にどんどん視野が狭くなり、悪循環に陥るという欠点があった。この頃になると、それに気づいていた。

僕はFWで相手のDFに勝負を挑み、抜いたり、かわしてゴールに迫ることが仕事だった。そのために「相手が何を考えどう動くか」の情報をインプットし、予測してその裏をかいたり、裏の裏を取って相手を混乱に陥れたりする必要がある。そうすることで、シンプルにスピードが生きてくる。

まわりが見えている時は、いくつもの解決法があった。しかし、視野が狭くなると、勝負しなくてもいい局面で無用なチャレンジをして、簡単にボールを奪われてしまうことが増えていった。

チームにとって危険な形でボールを失い、慌てて相手をファウルで止めなくてはいけなくなる。本来使わなくてもいい部分にエネルギーをかけてしまう。プレーの選択が悪いということは、ケガのリスク増にもつながる。

すると、大事な勝負どころ、ゴール前でガス欠になり判断力が鈍って、絶好のチャンスをフイにしてしまう。そんなことが頻発した。

ようやくパフォーマンス上昇の兆しを感じ取ったのは、年が明け2017年2月になった頃だった。

この時痛感したのが、継続的にずっとやり続けることの大切さ。1年を通して戦うプロサッカー選手にとって、土台となる、継続してやり続けてきた分量の蓄積が、とにかく大事だということだった。

少しずつ、1日1センチでもいい。練習を積んで、ゆるやかでも、右肩上がりにパフォーマンスを上げていく。その状態を長く続けることができれば、到達点は高くなる。

僕のように大ケガで一度ゼロ、ゼロどころかマイナスになると、もといた地点まで戻しての再スタートを強いられる。つまり、まず歩けるようになるところから始め、次に走ることのできる状態を目指すといった、サッカー以前の段階にかなりの時間とエネルギーを費やすことになる。

しかも、焦って急に仕上げて、無理をして試合に戻ると、その時はできたように感じても、どうしても反動が出てしまう。

地道にケガせずコツコツ積み重ねることが、いかに大切か――。

「無事これ名馬」とはよく言ったもので、ケガなく何シーズンもやり切る、それができることが本当にすごい選手で、称賛されるべき選手だと思う。

結果につながらなかった自分勝手なプレー

どこかで、心の持ちようにもスキがあった。正直言ってレベル的にもドイツ2部、「ここなら、俺の力さえ出せば圧倒できる」。そんな勝手な感覚を抱いていた。

急仕上げで間に合わせて、そんな精神状態でシーズンに入って結果が出ず、「あれ？なんか、全然違うぞ」となった。それも当然だった。

スピードが武器でよりどころだった。当時は、試合になると、まずは1回、相手をスピードのあるドリブルで抜いて、「やれる」という確信を得て、自信をつけたいところがあった。

そこにフォーカスしていた。自分のことだけを考えていた。自分勝手だった。

自分のパフォーマンスをいかに上げていくか、試合の中で自分の調子を上げきるには、どうすればいいかという発想でいた。極端な話、自分のために試合を使っていた面もあった。その結果、次第にスタメンから外され、途中出場ばかりになった。また悪循環だった。


当時の僕は、チームスポーツというものの意味をまだ理解できていなかった。結局、ほしくてほしくてたまらないのは、自分のゴールやアシストといった誰の目にもわかりやすい結果で、その先にあるチームの勝利ではなかった。

キックオフから独走して得点を重ねることなど、できるはずがない。個人の結果も、アシストしてくれる仲間やゴールを決めてくれる仲間がいてこそ。守ってくれる味方がいて、初めてゴールを狙える。GKから始まる攻撃の組み立てだってである。

もっといえば、控え選手やチームスタッフ、さまざまな立場で関わってくれる人たちの情熱や後押しがあって初めて決められる、重い重い1点だ。

当時の僕は、ゴールが決まっても、「俺が決めた」「これで、上にいける」という気持ちに支配されていた。

チームを1部に上げるくらい自分が活躍して、自分はもっともっとステップアップして、もっといいステージに返り咲きたい。正直言って、「このチームを1部に上げて自分も一緒に成長していこう」なんて考えはなかった。

プロは、一人ひとりが自力で活躍し、のし上がっていくもの。そうやって厳しい競争を生き抜いていく。それが、ヨーロッパでプレーするプロサッカー選手の当たり前の姿だと思っていた。

おごりたかぶった人間ではなかったと思いたいが、自分のキャリアを積み重ねるためにはなりふり構っていられないという点においては、エゴ全開だった。

ボールをもらう、パスをする、アシストをする、アシストをしてもらう。すべてが、大きくいってコミュニケーションの一部だ。

にもかかわらず、ドリブル突破に入る前、「俺が突破するんだ」と他の選手からパスしてもらうのは当たり前、「早く渡せ!」と心の中で思ったこともあった。そうではなく、「ボール出してくれてありがとう」、そんなコミュニケーションがもっとあればよかった。そう言われて嫌な気持ちになる選手はいない。

もっと「ありがとう」と言っていたら、僕をとりまく状況も、いろいろなことがうまく回りだしていたのかもしれない。

当時は、そんな考えになることはできなかった。結果も残せなかった。

2016－2017年シーズンは、結局、リーグ戦では自己最多の17試合に出場したものの、得点はゼロだった。

しかもここは、プレミアリーグやオランダ1部ではなく、ドイツ2部。強度もレベルも相手の守備も違う。得点ゼロというのは、かなりの大問題だった。

3 二度目の前十字靭帯断裂

シーズン前の練習中に起きた悲劇

ザンクトパウリでの3年目となる2017－2018年シーズンは、3年契約の最終シーズンだった。

前のシーズンは、結果を残せなかった一方、ケガなく1年間プレーし、練習を積むこともできた。遠回りしたが、ある程度の手ごたえもあった。

と同時に、ここで活躍して結果を出さないと、契約が終わってしまう。そんな危機感もあった。ただ、この頃には、だんだんと自分の置かれた状況を、冷静に受け止められるようにもなってきていた。

ザンクトパウリに来て、ほとんど点も取れていない。それが現実だった。

2年いて、チームと街への愛着もわいてきていた。アーセナルも含め、レンタル移籍先でも、それまでは長くても、続けて1年しかいたことがなかった。2年いたのは、ザンクトパウリが初めてだった。自分のチームだという思いがわいてきていた。自分がゴールを決め、チームを1部に上げて、このチームでやっていきたい――。

少しずつ、気持ちに変化が生まれていた。

しかし、そんな思いは、また打ち砕かれた。

シーズン開幕に向けた準備期間の練習中、6月のすごく暑い日の出来事だった。

練習の中盤、相手と向かい合い、突破を図る1対1の練習で、相手を抜こうと何げなく、得意にしていたいつものフェイントを入れた。

左右の足をクロスさせてボールをまたぐようなプレー、シザースをした時だった。踏み込んだ右足が乾いたピッチに引っかかった。

練習場のピッチは天然芝。ドイツの芝生は長めで、天気があまりよくない日が多いこともあり、芝生の下の土の部分がややわらかく滑りやすい。だから普段は、グリップ力の強いスパイクを履いている。その日も、いつも通り、ピッチと芝生にしっかり食い込むものを履いていた。

しかし、その日はすごく天気がよかった。ドイツにしては珍しく、練習場の芝生が、カラカラに乾燥していた。ドイツやヨーロッパで長くやっていたが、あんなに乾いた芝生は最初で最後。普段はまかれているはずの水も、その日に限ってまかれていなかった。

いつもなら、踏み込んだ時にスパイクがある程度滑るはずだったが、まったく滑らないどころか、スパイクの裏にある突起（ポイント／スタッド）が乾いた芝に勢いよく引っかかってしまった。すると、足がつっかかえ棒みたいになり、全体

2017年6月28日、ザンクトパウリでの練習中に右膝前十字靱帯を断裂した
（写真：picture alliance/アフロ）

重が乗った状態のままの膝が曲がるはずのない方向、外側に向けて、くの字にゆがんだ。

その時、右膝からすごい音がした。

直観的に、「これは、やばい」とわかった。2年前の左膝の前十字靱帯断裂の時の痛みは、何が起きたのかわからない程度のものだったが、今回は違った。もう、ものすごく痛い。膝の中がぐちゃぐちゃになっている感じがした。

倒れたまま立つこともできなかった。練習が止まって、チームメイトが駆け寄ってきた。歩くことができず、チームスタッフの肩を借りて、何とかクラブハウスに入ったが、その時に感じたのは「完全に終わった……」という絶望だった。

フェラーリの次は「ランボルギーニ」

ロッカーに戻ると、いろんな思いがこみあげてきた。「これで、もう引退か？」と。この1年はプレーできないだろうし、契約も終わる。「やめるかも」という感情が脳裏をよぎった。まだ24歳だったが、「引退」の2文字が初めて心に浮かんだ。

「前回の左膝の時とは全然違う」と思った。あれで前十字靭帯断裂だったのだから、これはきっともっと悪い。不安で仕方なかった。

すぐに前回のドクターの顔が頭に浮かんだ。2回目の手術をやるにしても、彼に任せたい、と思った。


本当に手術を受けるかどうか、葛藤がまだ少し残っていたが、とにかくミュンヘンにまた飛んだ。引退するなら手術しなくても……、そんな思いもなくはなかった。

ただ、チームのドクターからは、「いずれにせよ、手術は必要。サッカー選手を続けるかどうかより、日常生活に戻るために」と告げられていた。

手術し慣れたあの「ACL」Tシャツのドクターは、いい意味でいつも通りだった。「大丈夫だ。左膝にフェラーリを入れたけど、次はランボルギーニだ」。

これで少し、ほっとできた。勇気づけるというか、もうギャグの域だったが、効果は大きかった。

左膝の手術の実績と信頼感があった。また彼に、この名医に委ねるしかない、と開き直ることができた。

同じ病院で、前回と同じように手術を受けた。

無事に成功した。手術後、前十字靱帯だけでなく、外側側副靱帯も断裂し、半月板も損傷していたことを知らされた。この時、一度目の前十字靱帯は、周囲の靱帯や腱に損傷などがないものだったことを知った。

術後の痛みの強さは、左膝の時の比ではなかった。ずっとズキズキと痛い。この時は、全身麻酔による吐き気もすごかった。一日中吐いていた。

それでも退院は、前回同様、術後2日目。痛みはまったく取れていなかったが、退院することになった。今回はシーズン開幕前で、家族は日本にいた。ひとりでミュンヘンの空港に向かった。

動くと、痛みが増してきた。立っていると、全身の血が下におりていく感じがした。血が右膝を通り過ぎるたびに痛みが増していった。ついには、荷物検査が終わる頃に、一気に血の気が引いて、その場でバーンとぶっ倒れてしまった。医務室に運ばれ、しばらくベッドで寝ていた。

「前十字靱帯仲間」との共闘

何とかハンブルクに戻った。すぐにリハビリだった。

ただ、「今回は日本でやらせてほしい」とわがままを言って、チームに認めてもらった。前回と同じく全治は8カ月。復帰まではまた長い道のりが待っていた。精神的にもきつかった1回目の経験を思うと、日本の充実した環境で取り組みたかった。

日本では、2014年の左太もも裏の肉離れの時と同様、日本サッカー協会（JFA）に間に入ってもらい、国立スポーツ科学センター（JISS）で受け入れてもらった。いろんな治療器具があり、朝から晩まで治療とリハビリに専念することができた。

JISSでは、僕と同じように、前十字靱帯を切ったアスリートたちが復帰に向けてリハビリを続けていた。いわば「前十字靱帯仲間」だった。

例えば、バレーボールの全日本で活躍していた長岡望悠《みゆ》選手や、サッカーでは当時のU－20（20歳以下）日本代表に選ばれていた小川航基選手がいた。

みんな、前向きに頑張っていた。励まし合って、リハビリに取り組むことができた。この環境は、2年前にドイツでリハビリしていた時にはなかったもので、とても心強く、本当に助かった。

ただ、前回の左膝とは経過が全然違っていた。まず、なかなか腫れが引かなかった。2年前は、前十字靱帯単体の断裂で、今回は複合的にいろいろと大きな損傷があったのだから、当たり前といえば当たり前だった。

それでも徐々によくなっていった。ただ、右膝の可動域だけは、ケガする前のようには戻らなかった。完全には曲がらず、完全に伸びない膝になってしまった。

とはいえ、膝の大ケガをすれば、こういった形で復帰するサッカー選手もいる。可動域には満足できなかったものの、痛みも消え、走ることができるようになり、何とか復帰への階段をあがっていった。

――自分でコントロールできることに集中する――

この頃になると、JFAやJISSにお世話になっていたのに、非常に心苦しいのだが、「日本代表だ」「ワールドカップの最終予選だ」といった話は、いつのまにか遠い存在になっていた。

大きな目標はあえて捨てていた、といったほうが正確かもしれない。目の前の課題に集中するため、徐々に「他の誰かと比較しても、意味がない」と思うようになっていた。


きっかけは、2015年に見た同世代の武藤嘉紀《よしのり》選手のプレーだった。当時、ブンデスリーガの1・FSVマインツ05にいた彼がハットトリックを決めたことがあった。左膝の前十字靭帯を断裂した僕は、ベッドの上にいた。

もちろん、悔しさはあった。それまでは、活躍している選手を見ると、「どうして俺だけ……」と卑屈になることのほうが多かった。でもその時は、「他人とくらべたところで、置かれた状況は変わらない」と思えた。

そして、「コントロールできるのは自分自身のプレーや振る舞いだけ。やるべきことに集中しよう」と考えられるようになった。


この頃、かつての自分、アーセナルと契約していた頃の自分を振り返る時間が持てたのも大きかった。

ザンクトパウリに来るまでの4年半は、ほかの誰かのプレーと自分のプレーを常に比較して、焦ってばかりいた。ライバルたちのすごいプレーを見ては、自分も同じようにできないといけないと勝手に自分を追い詰めていた。

アーセナルでは、世界トップレベルの同世代の選手たちがまわりにいた。僕と同じ1992年生まれのジャック・ウィルシャー、1993年生まれのアレックス・オックスレイド＝チェンバレン、1990年生まれのアーロン・ラムジーなどが活躍していた。

ライバルたちの姿を見て、「同じようにプレーできなくてはダメだ」という思いに駆られていた。「同じようにプレーしなければ、競争に勝てない」と思っていた。

競争の厳しさを意識するあまり、アーセナルの刺激的でかつ恵まれた環境でプレーできることを楽しむ、そんな発想にはとてもなれなかった。

自分の立ち位置が、よくわかっていなかった。

「彼は彼だし、自分は自分」。

そう考えることができなかった。自分ではコントロールできない他人の評価ばかりを気にして、劣等感を抱いて、自分らしいプレーをできなくなる。負のスパイラルに陥っていた。

そんな学びもあって、「今回は、そうならないようにしよう」と思えた。

今、自分にできること、コントロールできることに集中しよう。一日も早くピッチに立ちたい。その目標に向かって、一歩一歩進んでいた。

本当にケガからの復帰を考えるだけで精いっぱいだった。

保証された4シーズン目のプレー

日本でのリハビリを切り上げ、ドイツに戻ったのが2018年1月。少しずつ、できる練習メニューが増えていき、走ってみても、スピードが落ちていない手ごたえがあった。

結局、シーズン中に試合に出られるレベルにまで戻すことはできず、2017-2018年シーズンは1試合も出場することなく終わってしまった。3年契約のうち、ある程度試合に出られたのは2016-2017年シーズンだけだった。

ザンクトパウリは、二度目の前十字靱帯断裂でシーズンを棒に振ることがほぼ確実になっていた2017年8月の時点で、もともとの3年契約にプラス1年の計らいをしてくれていた。つまり、4シーズン目（2018－2019年シーズン）もザンクトパウリでプレーできることがわかった状況でリハビリを続けることができた。

この時、僕はザンクトパウリが契約延長してくれるかどうか、半信半疑だった。ほとんど実績を残せず、結果を出せていない僕に、ザンクトパウリはまだ期待してくれていた。それが、ものすごくありがたかった。

4 前十字靱帯断裂「未遂」事件

プレー中に生じた右膝の奇妙な違和感

2018-2019年シーズンが開幕したのは、2018年8月5日。ただ、この時点でも僕はまだベンチ外だった。

ほぼ1年4カ月ぶりにトップチームの公式戦のピッチに立つことができたのは2018年9月21日だったが、じつはその前に〝3回目〟の事件があった。

リハビリを終えた2017-2018年シーズンの終盤、2018年4月末、僕は試合勘を取り戻すために、2軍の試合に出た。その時の出来事だった。

試合中に相手チームのGKと交錯した。この時、膝からあの音はしなかったが、起き上がると、右膝が固まったようにうまく伸びなかった。

関節が動かなくなることを「ロックした」と表現するが、まさにそうだった。一時的なもので、その後も痛みはないが、違和感が残ったままだった。

プレーは続けられたが、同じように痛みがなく、違和感から結果、前十字靱帯を断裂していた一度目の左膝のこともある。念のために、そこで交代させてもらった。チームドクターの見立ては「これはあやしい。おそらく3回目だね」だった。その場でミュンヘンのあのドクターに連絡し、手術の予約を取ろうとしていた。

しかし、僕は「いや、そんなはずないだろ」と思った。「3回目をやったら終わりだ」とも思っていた。

「ちょっと待ってくれ、ちょっと時間をくれ」と必死に訴えた。

どうしても信じられない。前回、前々回とは感覚も違う。気持ちの整理がつかないまま、冷静になろうとしていると、チームメイトが近づいてきて「前十字断裂と診断されても、結局切れていなかったという話を聞いたことがある」と教えてくれた。

そこで、「日本でセカンドオピニオンが聞きたい」と訴え、認めてもらった。

この時、日本に戻る前、チームドクター以外の何人かのドクターにも診てもらった。その中のひとりから、引退勧告に近いことを言われていた。「これで切れていたら、もとのレベルでプレーできるところまで戻すのは並大抵なことではない。その時は、引退したほうがいい」というもの。強い口調だった。

手術なら、また1年近くリハビリをすることになる。プレーしたくても、ほぼ2年もの間、試合に出ていない選手と契約してくれるクラブが現れる可能性は低かった。ザンクトパウリの契約も延長されなかっただろう。

ドイツを離れる前日には、チームの試合があった。シーズン終了まで残り2試合。チームメイトのみんなは、僕が三度目の靱帯断裂の大ケガをしたと聞かされていた。

試合前、僕の背番号13のユニフォームを全員が着てピッチに入ってきた。背中には、「You'll Never Walk Alone.（君はひとりじゃない）」をあらわす「YNWA」の文字と、漢字で「宮市亮」と書かれていた。

これには、ビックリさせられたし、勇気づけられた。チームへの愛がより一層強くなる出来事だった。

一縷《いちる》の望み、それにすがるように、僕は日本に帰ってきた。空港から東京・御茶ノ水にある順天堂大学医学部附属順天堂医院に直行した。サッカー日本代表のチームドクターでもある池田浩先生がいらっしゃった。

池田先生の診断は「大丈夫。これは切れてない」だった。お墨つきをいただき、僕は生き返った。命拾いをし、心の底から「日本に戻ってきてよかった」と思った。

ようやく手にした「サッカー選手の日々」

池田先生の太鼓判をもらい、すぐにドイツに戻った。そして、再びピッチに立つことになる2018年9月21日を迎える。

この日から、僕は「サッカー選手の日々」を過ごすことになる。

「サッカー選手の日々」。おかしな表現だが、ずっと求めていた試合に出続ける日常のことだ。これが本当に楽しかった。

〝三度目未遂〟からより丁寧に、しっかりとした準備を心掛け、迎えた2018－2019年シーズンは、公式戦25試合に出場することができた。5得点だったが、シーズンを初めて戦い抜き、完走することができた。

「ようやくサッカー選手らしくなった」と本気で思った。

サッカー選手としての日々を、思う存分生きている実感があった。膝に痛みはない。ケガの不安もない。毎日のように、練習場にトレーニングに行き、サッカーをする。練習着に着替えて外に出て、週末の試合に向けて準備を進める。そんなサッカー選手として当たり前のことができることが何よりもうれしく、ありがたかった。

週末には試合に出て、ゴールを狙い、アシストし、勝てばチームメイトと喜びを分かち合う。負ければ悔しくてたまらず、すぐみんなで次への修正点を探す。

何の変哲もない、ただのサッカー選手の日常。これを1シーズン通して続けることができた。

そんな僕のプレーにザンクトパウリも期待してくれていた。それは、さらなる2年の契約延長が、シーズン途中（2019年3月）に決まったことからもわかった。

僕自身も、自分のプレーに手ごたえを感じていた。

振り返れば、過去のシーズンの最多出場試合数は、2016-2017年シーズン、ザンクトパウリでの公式戦19試合。一度目の膝の大ケガから復帰したものの、ほとんど満足いくパフォーマンスができず、この時は無得点だった。

25試合5得点という結果は、広いヨーロッパのサッカーの世界では平凡なものかもしれないが、僕にとっては初めてともいえる確かな成果だった。

シーズン通してサッカー選手でいられたことは、まさに「半端ない」と思えるほどだった。

このシーズンは、心技体のバランスが取れていた。ケガもなく、常にいい状態をキープできた。ケガや体調不良、コンディション面で問題を抱えての離脱はなかった。離脱せず、毎日毎日練習をしっかり積み重ねることがどれほど大事なことか、身に染みて実感することができたのも、大きかった。

「とにかく一発当てて、一気にステップアップだ」というまるでギャンブラーのようなマインドから、ケガを重ねて「地道にトレーニングを積み重ねて結果を出す」という方向へとシフトできた。自分の結果だけを求めていた過去との決別だった。

結果とは、地道な積み重ねでつかみ取るもので、この方法でしか結果は出ない――。そんな大きな学びを得たシーズンだった。

そして僕は、「結果は出すものではなく、ついてくるものだ」と知った。

「ケガをしない走り方」を研ぎ澄ませる

2019-2020年シーズンはもっと試合に出続けた。公式戦30試合に出場させてもらい、得点こそ1点だったがチームとサポーターと、ハンブルクの街とともに戦えている実感を得た。ほぼすべての試合でフル出場。チームへの貢献を実感できていた。

この頃、ケガをしない走り方を、研ぎ澄ませて考えられるようになってきていたことも大きかった。

アーセナルと契約していた頃は、速いと言われても、それは親からもらった天性のスピードを思う存分に発揮するだけだった。

一方で、スピードが速いということは、それだけ、急加速したり、急ブレーキをかけたりした時、膝や足首にかかる衝撃も大きくなる。猛スピードで衝突した車を思い浮かべるとわかりやすい。スピードが上がるほど、大きな事故になる可能性が上がるように、ケガをするリスクも上がる。

持ち味のスピードを失わずに、ケガのリスクを最小にできる走り方を見つける必要があった。


そんな走り方の手がかりを教えてくださった恩人がいる。法政大学の杉本龍勇《たつお》先生だ。

杉本先生は、経済学部の教授としてスポーツビジネスを専門とされている。と同時に、陸上の短距離選手として世界選手権やオリンピックに出場した、超一流の走りのスペシャリスト。その後、サッカーの世界でも、清水エスパルスのフィジカルコーチに就任され、当時出会った岡崎慎司さんたちにも走り方を指導されていた。

2015年11月20日、法政大学の杉本龍勇先生に走り方の指導を受ける

同じように、麻也くんも走り方のトレーニングを杉本先生から受けていて、２０１５年に僕が左膝前十字靱帯断裂の大ケガをしたあと、麻也くんの紹介でサポートしていただくようになった。

まずは、歩行のトレーニングからだった。本当に地味なことから指導していただいた。まだ走ることができない状態でも、動画を見ながら、「これだと、肉離れしやすいよね」といったように、論理的なアプローチで話をしていただいた。

「そんなことがあるんだ！」と驚いたのが最初で、肉離れや故障を防ぐことができる走り方を、体に覚え込ませていった。

実際に教えてもらった通りに走ると、感触がよく、「この人についていきたい」と思うようになった。

例えば、走る時には「膝を完全に伸ばした状態で、足を地面につきなさい」と口を酸っぱくして言われた。そうすると、足を地面についた時の衝撃を、膝よりも大きな腰の骨で受けることができ、膝への負担が減ってケガをしにくくなる。そういう理論だった。

突然襲ってきた「グロインペイン症候群」

心技体が整いサッカーを楽しんでプレーできた期間は、そう長くは続かなかった。２０１９－２０２０年シーズンの終盤になって、新たな痛みとの闘いを強いられることになったのだ。

今度は膝でも足首でもなかった。まず右の内転筋、内もものあたりが張ってきた。それから、急に股関節、恥骨にも痛みが出た。何の前触れもなかった。最初は「おなかが痛いかな？」くらいだったが、徐々に痛みが増していった。痛みの出る部分は日によって変わり、お尻の穴のほうにまで、痛みが出だした。

朝から晩までずっと痛い。くしゃみをしてもせきをしても痛い。鈍痛がずっと続く。痛くて足をしっかり開くこともできない。プレーしてパフォーマンスを発揮するどころではなくなった。

診断は、サッカー選手が悩まされることの多い「グロインペイン症候群」だった。

いろいろと調べると、中田英寿さんやゴンさん（中山雅史さん）も苦しめられたという。ゴンさんが当時、治療でドイツに行って、ゴム手袋をした指をお尻の穴に入れられ、内側からマッサージを受けたいうネット上の記事も読んだ。

それくらいのことをしても治らないのか――。そんな怖さがあった。

ゴンさんと同じ治療は受けなかったが、車で練習に行く時にはゴルフボールをシートに置いて、お尻の穴にボールが当たるようにして運転した時もあった。圧迫していないと、とにかく痛い。そんな時期もあり、まったく練習にならなかった。

痛みが一生消えない人もいると言われた。不安だった。

毎日寝る前、「頼むから、明日はよくなっていてくれ」と祈りながらベッドに入る。それでも、朝起きたらやっぱり痛い。痛い時は、寝返りをしただけで目が覚める。痛み止めも効かない。

ケガの程度は前十字靱帯断裂のほうが大きかったといえるかもしれないが、復帰に向け目標を立てやすい部分があった。それにくらべてグロインペイン症候群は不気味で、原因も、治るまでの期間も、痛みが出る部分も、よくわからない。

とにかく憂鬱で怖かったが、まずは、無理に前向きになろうとせず、こういうものなんだと受け入れるところからスタートすることにした。その上で、「自分ができることを最大限やろう」と決めた。

10や20じゃきかないほど、痛みに効果があるという治療の話、噂を聞けば、ヨーロッパでも日本でもすべての場所に足を運んだ。インターネットで調べ、チームメイトに聞いて回り、友人知人からも情報をもらった。

日本とドイツで、いろんな治療を受けた。

ドイツの山奥にある、丸い磁石を体に当てる治療院。湖のほとりの一軒家に、仙人のような人がいて気功のように手のひらからエネルギーを送ってくれるという治療にも行った。1回500ユーロ。日本円だと7万円近く（当時）払ったが、僕には効果はなかった。

患部を強く押すマッサージもあれば、長い針をトンカチで打ち込むような治療もあった。中には、体に触れないで行う謎の治療もあった……。わらにもすがる思いで、すべてに取り組んでみたが、効果がある治療法にはなかなか出会えなかった。

そんな中、ミュンヘンでドイツのゴッドハンドに出会った。

ラルフ・フランクという名で、ドイツ代表のワールドカップにも帯同していた治療のスペシャリスト。彼に治療してもらったら、うそみたいによくなった。

ドイツ代表の選手なら全員が知っているほどのスーパーな人物。1週間ほど滞在し、何度か治療してもらい、痛みは消えた。

彼とは右膝の〝三度目未遂〟の時、初めて出会った。日本に戻ってのセカンドオピニオンを聞く前、当時のチームメイトから教えてもらい、訪ねて診てもらったことが縁だった。その時は、精密検査の画像を見ながら膝に触れ、「これはもう、パンドラの箱だな。開けてみないとわからない。ただ、俺が今、この膝に触ってみた限りでは、これは切れてないぞ」と言われた。

当時もそんな彼の治療で膝がしっかり動くようになって、日本に戻ってのセカンドオピニオンで切れていないと診断され、その後の2年間はフル稼働することができていた。

約3年ぶりに訪ねて再会。彼が言うには「この右膝が、ケガの影響でしっかり伸びていない。だから、バランスが崩れて、股関節に痛みがくるんだ」と。

ゴッドハンドはすぐ、カイロプラクティックみたいな感じでポキポキと骨を鳴らすように、僕の体のいろいろな部分に触れていく。そのたびに体のバランスが整っていく感じがした。

本当に不思議だった。とにかく僕にはその治療が合っていた。スッと痛みが引いて、もう何事もなかったかのようにグロインペイン症候群が治癒した。

結局、痛みが出てから10カ月近く治療に駆けずり回り、２０２０−２０２１年シーズンはまるまる棒に振ることになった。

第4章 前進

1 日本に戻る決断

「Jリーグ」という新たな挑戦

2020－2021年のシーズン中、グロインペイン症候群と向き合っていた頃、それまで一度も考えたことのなかった思いが時折、顔をのぞかせるようになっていた。

「日本でプレーしたらどうだろう？」

一番の理由は、ほかでもない、繰り返し向き合わざるを得なかったケガだった。

ヨーロッパでプレーしたいという思いは持ち続けていた。同時に、厳しい環境で戦い続けるためには、100パーセントの力を出すことができるコンディションを取り戻す必要があった。

以前お世話になった国立スポーツ科学センター（ＪＩＳＳ）での経験とくらべて、ヨーロッパでは、思い通りのリハビリをできないストレスも少し感じていた。サッカーが人気ナンバーワンスポーツのドイツ。最先端の医療分野においても、とても頼りになる部分があった。ただ、治療やマッサージにおける細部のケア――気配りや配慮――は、日本のほうがより丁寧だと感じていた。ハイレベルなケアを日常的に受けられる環境が日本にはあった。

このケアの面で日本が優れていると感じることに対し、「結局は日本人同士だからじゃないの？」と聞かれることもあるが、そうではない。日本の細かいこだわり、徹底した仕事ぶり、繊細な感覚、選手ファーストの〝おもてなし〟ともいえる精神には、絶対にどの国でも、どのチームでも必要とされ、リスペクトされるだけのポテンシャルが詰まっている。

現に、最高峰とされるプレミアリーグでもアーセナルには、僕もお世話になった山本さんがいらっしゃる。日本には誇るべき点があり、もっと自信を持つべきだと、戻ってきて感じている。ケガの治療やリハビリの分野は、特に優れている。

2021年の夏には、ドイツの他のチームからもいくつか獲得の申し出（オファー）をもらっていた。

しかし、「ここから、どれだけ長い時間、ピッチに立つことができるだろう？」、そう逆算した時、迷いはあったものの、一度日本に帰ってやるべきだと思った。

海外でスタートした選手生活を日本には戻らず終えたい思いもあった。家族もハンブルクでの生活になじんでいた。ただ、そんなこだわりより、「とにかくケガなくプレーしたい。常に万全の状態でサッカーがしたい」という思いが強かった。家族も理解して、決断を後押ししてくれた。

「日本に行きたい」と移籍を手助けしてくれる代理人に伝えた。すると、横浜F・マリノスが一番に手を挙げてくれた。最初のコンタクトからわずか数日で、細かい契約内容が記された正式オファーが届いた。この短期間で金額や条件のファイナルアンサーが届く、移籍では珍しいスピーディーな展開だった。本気で僕をほしがってくれていることが、よくわかった。

それまで、Jリーグの試合はあまり見ていなかった。それでもF・マリノスの調子がよく、いいサッカーしていることは何となく知っていた。

この時考えたことは、まずピッチに立つということ。体を万全にし、ケガなく、一体自分はどれくらいできるのか――。それを確認したかった。

新たな挑戦だった。

Jリーグで感じた「難しさ」

2021年7月5日。F・マリノス入りが正式発表された。僕は28歳で初めて、Jリーガーになった。

この時、シーズンが年をまたぐヨーロッパのリーグとは異なり、毎年2月から12月までが1シーズンとなるJリーグは、2021年シーズンがすでに始まっていた。僕は、シーズン半ばにチームに合流する形になった。

父はずっとトヨタ自動車にお世話になっている。僕が免許を取って、イギリスで初めて乗った車もトヨタ車。小さい頃、車はトヨタしか知らなかった。そんな僕が、日産自動車のF・マリノスに行く。冗談めかしていろいろと聞かれたが、そこはまったく気にならなかった。父親も苦笑いしながら、背中を押してくれた。

F・マリノスは日本のビッグクラブで名門。そのチームの一員になれることが、うれしかった。


このクラブを選んだ僕の直感は間違っていなかった。チームメイト、スタッフ、医療体制、すべてがすばらしかった。最高のチームに声をかけてもらった。

特にチームドクターやトレーナーの熱意、仕事ぶり、専門知識、無駄のない手際のよさは、日本らしく最上級。徹底していた。


本当に温かく迎え入れてもらい、すぐに溶け込むことができた。みんなのおかげで、まったく問題なく、あっという間にチームの一員にしてもらった気がする。

ただ、プレーはまた別だった。Jリーグでまず感じたのが「難しさ」だった。

7月にチームに加入し、日本の夏の蒸し暑さにも面食らったが、何よりファウルの判定への適応に苦労した。同じサッカーだが、基準が違った。

ドイツでは練習から激しくぶつかることがよしとされ、それを徹底して求められていた。

ある程度のコンタクト（接触）プレーは許されていた。ある意味、激しい球際での攻防が見せ場のひとつだった。得点が求められるＦＷにも、守りで汗をかくことが求められる環境だった。

闘う姿勢、ファイティングポーズが選手間のリスペクトや評価にもつながる、そんな日常だった。ＦＷではあるが、激しく守備に出ていくところは、僕の武器のひとつでもあった。

日本でも、いつもの調子で距離を詰めて体をぶつけてボールを奪いにいくと、笛を吹かれてしまった。ファウルの判定だった。最初は「エーッ!?」と驚きの連続だった。「これがファウル？　これで笛を吹いちゃうの？」。チームのために守りでも体を張る覚悟と姿勢は示しながらも、力加減を調整する必要があった。

２０２０－２０２１年シーズンは、ザンクトパウリでほとんど試合に出ていなかった。グロインペイン症候群が癒えたあと、リーグ戦でプレーできたのは１試合だけだった。２０２１年5月16日のハノーファー96戦に途中出場。プレー時間はわずか17分だった。

トレーニングの積み重ねがほとんどなく、土台ができあがっていなかった。これまでも繰り返してきたことだったが、パフォーマンスがなかなか上がらなかった。

ただ、過去から学んだ冷静な自分がいた。

思うようにパフォーマンスが上がってこない理由が、グロインペイン症候群による長期離脱にあることはわかっていた。「地道にできることからやる」「一歩ずつ、少しずつ積み重ねるんだ」と言い聞かせながら、期待値との差を何とか埋めようと自分と向き合った。

一番よくないのは、これまでのように焦ってしまうこと。そして、パフォーマンスが上がってきた頃に、ケガをして離脱すること。それを繰り返す負の連鎖にはまり込まないよう、細心の注意を払った。

ヨーロッパと日本の違い

この頃、よく聞かれたことがある。日本の、Jリーグのレベルについての質問だ。「なぜJリーグを選んだのか?」という聞き方をされた時も、聞き手の記者の方は、Jリーグのレベルを気にしているんだろうな、と感じることがあった。

例えば、リーグ全体の実力評価では、現在、プレミアリーグが世界一であると断言していい。Jリーグのレベルはそれには遠く及ばないと言われていることも知っている。一方で、僕が直前までプレーしていたドイツ2部とJリーグのレベルはほとんど変わらないと評価されていると教えてくれた人もいた。

ただ、実際にJリーグでプレーしてみて感じたのは、「どのリーグとくらべて格が上か下か」と評価しようとすること自体がナンセンスだということだった。

やっているサッカーがそもそも違う。そんな認識だ。

ウッチーさんが同じような質問をされて、「違うもの。違うスポーツだ」と答えた記事を読んだことがあるが、僕の感覚もそれに近い。

突き詰めて考えると、Jリーグとヨーロッパの一番大きな差は、フィジカル（身体）面だと思う。

ヨーロッパで10年以上プレーして、僕は自分の身長が大きいと感じたことは一度もなかった。初めてF・マリノスの練習に参加した時、身長181センチの僕がチームメイトの中でも大きいほうだということに気づいた。

ヨーロッパにいた頃の僕は、どのチームでも、コーナーキックやフリーキックといったセットプレーの守りの時は、サイズで相手を上回ることができないため、ゴール前の競り合い（攻める選手と守る選手の攻防の局面）には入っていなかった。入れてもらえなかったと言ったほうが正しいだろうか。いつも反撃に備えて、ペナルティーエリアの外で、味方がボールを奪ったあとにパスが出てくる、その瞬間を待っていた。だが、ここでは、ゴール前の競り合いの中に入り、攻めてくる相手のマークにつく役目が回ってきた。

フィジカル面の差は簡単には変えられない。それだけに、余計に大きな違いとして横たわっている気がする。

よく、海外チームの練習は体をぶつけ合う迫力が日本とは違うという声も聞く。サッカー用語で激しく当たる真剣勝負の様相を「バチバチ感」などと表現するが、海外の身長190センチや2メートルの選手がぶつかり合うほうが、より「バチバチ感」が出るのは当然のことだろう。日本人同士が同じ強度、同じ距離感でぶつかっても、同じようには見えないはずだ。

多くの日本人選手がヨーロッパのチームに移籍して、そういった環境への「慣れ」を身につけていくことは、日本のサッカー界にとって大きな財産だと思う。僕も海外に出て、最初はその迫力に戸惑ったが、いつしかそれがスタンダードになった。「こういうもんなんだ」という慣れは、国際試合で日本が勝ち抜いていくために、絶対に身につけておくべきことだと思う。

一方で、その差を補うことができる日本の長所も十分に感じている。

まず技術面。Jリーグの選手は、ボールを扱う技術レベルが全般的に高い。トラップ、パス、相手を抜く……。そんな局面だけを切り取って比較すれば、おそらく、ほとんどの選手がヨーロッパの多くのリーグにそのままいってもやっていけると思う。

その一方で特長がそうだからか、Jリーグの試合はスローな展開になることが多い。ブンデスリーガやプレミアリーグは、プレースタイルがもっと多様で、相手が攻め込んできたところを利用して、一気に切り返すカウンタースタイルを取るチームも多い。一瞬のスキを突いて、ここが勝負どころだと思ったら全員で一気に仕留める。そんな共通意識で、ここぞ、という時にチーム全体が圧倒的な迫力をもって前に出てくる。そのスピードがとにかく速かったりもする。

もうひとつの長所は、「走れる」こと。90分間しっかり、さぼらず走り抜くことができる。これは、裏付けとなる日々のトレーニングの質の高さがあるからこそ、だろう。

そして、何より最後まで絶対にあきらめない精神力と団結力。これは、特にF・マリノスの武器でもあり、このチームの長所だと思っている。

待望だったJリーグでの初ゴール

結局、F・マリノスに加わったばかりの2021年シーズンは、なかなか試合に出られなかった。リーグ戦への出場は2試合にとどまり、ともに途中出場で出場時間は計41分だった。

期待を裏切る結果となってしまい申し訳なかったが、もうこれまでのような焦りはなかった。試合に出られない時期もしっかり練習ができていた。

ケヴィン・マスカット監督らスタッフが指示してくれる練習内容は、とてもすばらしいものだった。それに加えて、2021年6月にスコッティッシュ・プレミアシップ（スコットランド1部）の強豪チームであるセルティックFCに移籍し、プレミアリーグの強豪のひとつ、トッテナム・ホットスパーFCへとステップアップしたアンジェ・ポステコグルー前監督が残してくれた財産もあったと思う。

このままF・マリノスにいられれば、もっともっとうまくなれる——。そんな感覚があった。

続く２０２２年シーズンはこのチームにとって、最高のシーズンとなった。

２０２２年11月5日の最終節でＦ・マリノスは優勝を決めた。Ｊリーグのチャンピオンチームの一員となることができて、僕は幸せだった。長いサッカー人生の中で、リーグ優勝は初めての経験だった。

Ｊリーグのシーズンでは、ＭＶＰ（最優秀選手賞）がＦ・マリノスの選手の中から選ばれるという喜びもプラスされた。受賞したのは、ＤＦとしてリーグ戦32試合に出場し活躍した、岩田智輝選手だった。

そんな２０２２年シーズン、僕が初先発したのは開幕から4試合目、３月２日

2022年5月18日、Ｊリーグ初ゴールを決めた横浜F・マリノス対浦和レッズ戦では後半24分までプレーした（写真：アフロスポーツ）

のヴィッセル神戸戦だった。この試合に勝利し、右サイドでスピードを生かす自分らしいプレーができただけでなく、手ごたえをつかむことができた。

この試合が転機になり、そこから出場機会が増えていった。

そして、5月18日の浦和レッズ戦でようやくJリーグ初ゴールを決めることができた。うれしかったが、チームが3点のリードを追いつかれて引き分けてしまい、手放しの喜びとはいかなかった。

その後、7月2日の清水エスパルス戦と7月6日のサンフレッチェ広島戦で、2試合連続得点。しっかり練習をこなして、試合に出て、ゴールを決めて、チームのために活躍する。求めていた日常が、約2年ぶりに戻ってきつつあった。

僕を仲間に迎えて入れてくれたF・マリノスは、本当にいいチームだ。全員が主役で、まさにチーム、そんな雰囲気がある。

サッカーでは、もちろん個人で圧倒的なパフォーマンスをするスーパースターの存在が勝敗に影響を与える側面もあるが、このチームは、サッカーはチームスポーツなんだと強く実感させてくれた。

新型コロナの感染者が多く出た苦しい状況でも、このチームの底力——選手みんながチ

ームのために やり切る連帯感——を、お互いに確認することができた。苦境を乗り越えて、
またひとまわりチームが強くなったようにも思えた。

2 10年ぶりの代表復帰

考えてもいなかった朗報

夏場を迎え、チームも僕も調子が上がってきていた矢先、考えてもいなかった朗報が舞い込んできた。

2022年7月13日、日本代表に選出された。

海外でプレーする主力となる選手たちは不在で、Jリーガーだけで編成されたチームだったものの、日本代表であることに変わりはなかった。東アジアE－1選手権という大会に出場するためのチームだった。

10年ぶりとなる僕の日本代表復帰を、メディアには「最長ブランク」だと大きく取り上げてもらった。

2022年はワールドカップイヤーで、11月開幕のカタールでの大会に向けて準備が進められていたが、その頃の僕は正直、日本代表のことは考えていなかった。

先を見るより、まず目の前のこと、目の前のトレーニングに集中しよう、それだけを自分に言い聞かせて過ごしていた。

過去のつまずきから学び、メンタル面でも大きな波を作ることなく、日々生活することができていた。感じていたのはひとつだけ。

日々サッカーができる幸せに感謝——。それだけだった。

もちろん、日本代表には特別な思い入れがある。いや、あったと言ったほうが正しい。先ばかりを見て「入りたい」と思う時期もあったが、結局、日本代表はその時々の監督が選手を見て選ぶもので、自分が「入りたい」と言って、入れるところではない。

これも自分にはどうしようもないことのひとつ。それよりも、自分がやれること、やるべきこと、目の前のことをしっかりやろうとだけ考えていた。

かなり時間はかかったが、ようやく地に足がついてきた、そんな手ごたえを感じ始めた矢先の代表選出だった。本当に「これでいいんだ」と思えた。少し報われた気がした。

プロになって初めて一緒にプレーした日本人選手

思えば、初めて日本代表に選んでくれたのは、イタリア人のアルベルト・ザッケローニ監督だった。2012年2月。まだ19歳で、プレミアリーグのボルトンでプレーしていた。そしてじつはこの時が、僕がプロになって初めて日本人選手と一緒のチームでプレーする機会になった。

最初に選ばれた時はもう、とにかくうれしかった。その一方で、フワフワしていたというか地に足がついていなかった。まだ、日本を背負うという重みは正直、考えられるような状況でもなかった。続けて何回かコンスタントに呼んでもらい、チャンスももらった。この頃のメンバーはかなり豪華で、今振り返っても「やばかった」。

本田圭佑さん、長谷部誠さん、遠藤保仁さん、川島永嗣さん、長友佑都さん、中村憲剛さんに加え、真司くん、麻也くんに、ウッチーさん。それぞれキャラクターが確立していて、すごい選手ばかりだった。はじめは恐れ多いというか、それではダメだったのだが、圧倒された。

プロになって初めてチームで一緒にプレーした日本人選手がみんな、日本で最高のプレーヤーだった。猛者ぞろいで、「どんな感じかな？」と身構えて初めて合流すると、じつはみんな本当にやさしくて、いい人。僕が最年少で、かわいがってもらえた部分もあったが、そのギャップに驚いた。

それに、イタリア人の監督とスタッフ以外、みんな日本語が通じるし、用意されている日本食（！）がおいしかった。いたれりつくせりで、「すごいとこだな、代表って」と思った。

2012年2月29日、初めて日本代表に選出され、ウズベキスタン戦でベンチ入りした（写真：アフロスポーツ）

初めて練習に入って、ビックリしたのは真司くんが超うまかったこと。ちょうどドルトムントからマンチェスター・ユナイテッドに行く頃。今でもそうだが、めちゃくちゃうまい。

プロのサッカー選手の中にも、飛び抜けてうまい人がいる。アーセナルではエジルがそうだった。真司くんにも共通点があって、トラップひとつがまったく違った。ぴたっとボールを止めて、好きなところにきちっとコントロールできる。ただ止めるのではなく、狙っている位置に寸分の狂いなく止められる。次へのプレーが一番しやすい場所にコントロールし、相手が寄せてきてもボールを取られない絶妙な位置に瞬時におさめてしまう。

練習ではそれが際立つ。奪いにいっても奪えない。2人、3人が囲んできても、その間をひゅひゅひゅっとかわして抜いていく。あの場面は今も目に焼き付いている。

あの頃の日本代表も強かった。2012年10月12日のフランスとの国際親善試合はベンチに入っていたが、1-0で内容的にも圧倒して、アウェーの地――フランスのサン＝ドニにあるスタジアム「スタッド・ド・フランス」――で歴史的な勝利をつかんだ。

日本代表に選ばれたことで、その後もずっとかわいがってもらっている真司くんや、憲剛さんのようなレジェンドと知り合うこともできた。

戦術家というか、本当に指示が細かかったザッケローニ監督に教えてもらったことも含め、この短い間に、のちに自分の財産となるたくさんのことを与えてもらったと思う。

その後は、度重なるケガで代表から離れてしまっていたが、途中、2015年から2018年にかけて日本代表を率いたバヒド・ハリルホジッチ監督のスタッフが、ザンクトパウリのスタジアムまで僕を見に来てくれたこともあった。

今回、僕を日本代表に呼んでくださった森保一監督も、ずっと気にかけてくださっているという話を、間接的に聞いていた。

〝優勝決定戦〟で起きた事件

10年ぶりの代表復帰ということもあり、たくさんの人に温かい声をかけていただいた。昔の自分なら舞い上がっていたかもしれない。

僕は意外に冷静だった。あまり一喜一憂しなくなったと言ったらいいのか、落ち着いて現実を受け止めることができていたように思う。

日本を代表するチームの重み、その責任の重さは、わかっているつもりだった。もちろん名誉なこと。うれしかった。

ただ、確かにうれしかったが、「ワールドカップに行けると決まったわけでも何でもない。ここでの活躍次第だ」と冷静に考えられている自分もいた。「とにかく、自分の実力を発揮し、パフォーマンスを見てもらおう」。そう思えた。

2022年7月19日に茨城県のカシマサッカースタジアムで行われた香港との初戦は、ベンチスタートだった。結果は、日本代表が6－0で勝利。僕自身は得点をあげることはできなかったものの、後半途中から出番をもらい、勝利に貢献することはできた。

続く第2戦と第3戦（最終戦）の舞台は、僕の故郷、愛知県にある豊田スタジアムだった。2012年に初めて日本代表に呼んでもらったスタジアムでもあり、特別な思い入れがあった。

ここでプレーするのはアーセナル時代、名古屋グランパスとの親善試合の2013年7月以来、実に9年ぶりだった。

7月24日、第2戦の相手は中国。結果は0－0で引き分け。スタメンで出番をもらったが、後半途中で交代し、得点に絡むことはできなかった。

そして7月27日、第3戦が行われた。

韓国との試合は、優勝決定戦になった。もちろん、日本代表は最大のライバルでもあるチームを倒しての優勝を目指していた。相手も同じだった。日本にとっては、ホームでの開催でもあり、絶対に負けられない一戦だった。

試合は日本代表の圧勝に終わった。後半4分、相馬勇紀選手のゴールで先制。後半19分に佐々木翔選手が追加点を決めて2－0。さらに後半27分、町野修斗選手が試合を決める3点目をあげた。

この間、1－0だった後半14分に、僕は1枚目の交代カードとしてピッチに投入された。交代が告げられ、スタジアムにアナウンスが流れると、大きな大きな拍手をもらった。その時にはまさか、このあと、三度目となる前十字靱帯《じんたい》断裂という大ケガをするとは想像もしていなかった……。

コンディションはよかった。「大ケガをすると、再発を恐れ、全力で走れなくなるのではないか」などとよく聞かれるが、この時も、怖さはまったくなかった。全力でプレーする。ただそれだけだった。

3　三度目の前十字靱帯断裂

横浜F・マリノスで教えてもらったこと

吹っ切れていたとでもいうのだろうか。三度目の前十字靱帯断裂という大ケガを確信し、ピッチを退いたあと、ロッカールームに戻った僕は、状況をどこか冷静に考えることができていた。

試合に勝ち、優勝を勝ち取った日本代表チームのロッカールームには喜びがあふれていた。その雰囲気を壊したくなかった。自分の身に起きた出来事を泣いている場合ではないと思った。

優勝のために活躍した選手を、勝ったチームを祝福したかった。だから僕は、努めて平静を装った。「とにかくチームのため」。そんな思いだった。

過去に大ケガをした時には、まったくできなかった振る舞いだった。特に初めての大ケガ、ウィガンで右足首をケガした時はひどかった。他のチームメイトが全員で勝利を喜ぶロッカールームで、僕はずっと泣いていた。その時考えていたのは自分のことだけだった。
この時は違った。ロッカールームで、優勝を記念してみんなで写真撮影をした。笑顔を心掛けて、写真におさまった。作り笑いといわれればそうかもしれない。でも、本当に優勝がうれしかった。無理をしたつもりはない。日本のために、このチームでわずか3試合だったが戦うことができてよかったと、心から思っていた。


そう思えたのは、F・マリノスの一員になって、チームメイトに教えてもらったことが大きかった。

F・マリノスでは、チーム全員が仲間のゴールを心の底から喜んでいた。試合に出ていない選手も、本気で、素直に喜ぶ。勝利した時もそうだった。

ヨーロッパでは、ゴールは自分自身がのし上がるためのものだった。自分のキャリアアップが第一だった。他の選手たちも、どこまでも上を目指す〝個人戦〟を戦っていた。

日本に戻って、このチームで見てきた一つひとつのゴールは違った。それは、すべてがチームを勝たせるためのものだった。

そんな光景に、「どうしてここまでチームのために素直に喜びを表現することができるんだろう?」と思いながら、毎日を過ごしていた。

そして、あることに気がついた。僕よりも年上で経験もある3人の選手――水沼宏太選手、實藤友紀《さねとうゆうき》選手、中林洋次《ひろつぐ》選手――の振る舞いがチームのムードを作り上げていた。

もともとチームといっても、僕たちはプロのサッカー選手で、それぞれがチームと契約した個人事業主の集まりだ。それぞれの生活もかかっていて、家族もいる。チームメイトであってもポジションを争うライバルになる。

高校生の頃なら、年末年始の全国選手権や夏のインターハイなど、ひとつの大きな目標に向かってみんなが自然と一致団結できた。だがプロになってからは、勝利が目標であることは間違いないが、なかなかひとつになることが難しい面もあった。

F・マリノスには、自分を犠牲にしてでもチームのために行動できる選手が多くいた。特に経験のある選手たちの態度が、チームの特別な雰囲気を作り上げていた。

彼らはみな、チーム内の成功については誰のものであろうと素直に喜んで祝福し、その一方で、出番に恵まれなくても、自分が今できることをやり切っていた。そんな姿勢がお手本となり、チーム全体に広がっていた。

それは、このチームが誇る強さの理由のひとつでもあった。

もちろん、自分がゴールやアシストを決められたほうがうれしい。出番も、ないより、あったほうがいい。当たり前だ。

ただ、それがすべてではない。たとえ今はそのような機会に恵まれていなくても、チャンスが巡ってきた時に力を発揮できるように、普段から準備を怠ってはいけない。そんな選手がたくさんいるチームは間違いなく強くなる。勝てるようになる。

そして、チームの勝利がさらに選手たちを奮い立たせ、日々の努力を後押しする。F・マリノスにはそんな好循環が存在していた。だから強いのだ。

F・マリノスに加入してから「チームのために戦うこと」の意味や、チームプレーの本質がわかるようになってきたと言ってもいいかもしれない。自分自身のためではなく、チームのために力を尽くすことが何より大事だと思うようになった。

チームのために、今自分にできることをやり切る。それを続けていれば、最終的には、必ず自分自身に返ってくる。そう思えるようになった。

「自分のケガでふさぎ込むより、まずはチームの優勝の喜びを優先しよう」――今までにない心境になれた背景には、そんな経験の積み重ねもあった。

冷静に受け入れることができた診断結果

ただし、日本代表の仲間とともに優勝の喜びに浸ったあとは、あらためて右膝の大ケガという現実と向き合う必要があった。

試合後、すでに遅い時間帯だったが、ホテルに戻るチームメイトと別れ、日本代表の医療スタッフに付き添ってもらい、そのまま精密検査のために病院へ移動した。院内は真っ暗だった。

ＭＲＩ検査のためにベッドに寝かされ、半円形のドームの中に20分ほど入った。何度も経験していたが、これまでは寝てしまうことが多かった。

ただ、この時だけは、いろいろなことを考えた。プロになった時からの思い出が、まるで写真や映像となって頭の中に次々と浮かんでは消えいった。

「次やったら、やめよう」

そうぼんやりと考え始めたのは、２０１８年夏ごろ。きっかけは前十字靱帯断裂の〝三度目未遂〟だった。

もちろん、周囲にはっきりとした意思表示をしたことはなく、妻にも、それとなく話したことがあった程度だったが、何となく心の中で決めていた。

サッカー選手としてこれだけ長い間ピッチに立てない時期がある。にもかかわらず、期待してくれる人もいる。その中で、結果も出せないもどかしさ、リハビリばかりで選手としての時間が削られていくような感覚があった。

いろんなシーンが浮かんできた。同時に、いろんな人に対する申し訳なさで、胸がいっぱいになった。

ずっと期待して支えてくれた家族、これまでのチームメイト、指導者や先輩、後輩。何よりファンやサポーターのみなさん。一人ひとりに「申し訳ありません」と詫びて、「いつかこの人たちに顔向けできるよう、また前を向いてやっていこう、ほかの道で」――。

検査を終え、部屋を出ると、ドクターのパソコンの画面上には、右膝の画像が映し出されていた。

「切れてます」と、申し訳なさそうに告げられた。言いづらそうだった。僕の反応は淡々としたものだった。たぶん「はい、そうですね。ありがとうございます」と答えた。「そんなに気を落とさないでください。逆に僕のほうこそ、こんなことになって申し訳ありません」と、僕のほうから伝えた気がする。

絶望的な診断結果をすんなりと冷静に受け入れる僕に、お医者さんは、逆に驚いているようだった。きっと、「なぜ落ち込んでいないんだろう?」と思ったはずだ。

ホテルに戻ったのは、夜の11時くらいだった。選手は解散済みだった。

ホテル内の食事会場で、森保一監督らスタッフのみなさんが待っていてくださった。診断結果については、すでにチームスタッフ間で共有されていたのか、誰からも何も聞かれなかった。

松葉づえをついたままあいさつをして、少しだけ食事をとった。食べ終わる頃、こちらのタイミングを見計らうように、森保さんが近くに来て、「代表に来てくれてありがとう。本当に申し訳なかった」と声をかけてくださった。

とにかく、その気持ちがうれしかった。泣きそうになり、「申し訳ないだなんて、そんなことありません。チャンスをくださって、ありがとうございます」と伝えるのが精いっぱいだった。

その後、医療スタッフと、翌日以降の横浜への移動方法や検査結果のマリノスへの共有方法などについて事務的な話をし、患部に治療を施した。

治療といっても、その時点でできるのは、とりあえず冷やすことくらい。アイシングをしてもらい、ホテルの自室に戻った。

初めて口にした「引退」という言葉

たぶん、深夜1時くらいだったと思う。部屋のドアを閉めた途端、ひとりになると、涙があふれ出てきた。気持ちを落ち着かせるまでには、しばらく時間が必要だった。

ただ、泣いてばかりもいられなかった。地元の愛知での試合とあって、家族全員がスタジアムに来てくれていた。あんなシーンを目撃し、心配しているに違いなかった。

スマホには、もう何百件あるかわからないくらいに、たくさんの不在着信とメッセージが残っていた。

あらためて「やめる」という気持ちを自分の中で確認した。そして、それを最初に伝えなければならない人のことを思った。本当に申し訳ない気持ちでいっぱいだった。

結婚直後だった一度目の前十字靭帯断裂も含めずっと一緒に歩んできた、妻に電話をした。

「本当に切れてたよ」と告げ、また悲しませてしまったことを謝った。スマホを通して、「そう……。それなら、また頑張っていこうね」という言葉をもらった。

妻はまったく慌てても、取り乱してもいなかった。はっきりと話し合って決めていたわけではないが、「次やったら、もう、違う道にいこう」という共通理解がすでにあったからかもしれない。そんな彼女がずっとそばにいてくれることが本当にありがたかった。

妻との短い通話を終えると、あと4人にだけ電話をしようと思った。本来なら、お世話になっている人全員に連絡したかったが、深夜1時を過ぎていた。

まず、所属する事務所、ユニバーサルミュージックのマネージャーである舩川さん。舩川さんには、ザンクトパウリに移籍する頃からずっと、度重なるケガに苦しんでいた間も、長年にわたって支えてもらっていた。ケジメが必要だと思った。

ここで初めてはっきりと「もう引退します」と告げた。

船川さんは、いつどんな時でもまったく動じることなく、つらい出来事もジョーク混じりで笑い飛ばし背中を押し続けてくれる存在だった。そんな船川さんが「わかった。もう頑張れとは言えない」と一緒に泣いてくれた。そして、「奥さんとかわいい子どもがいる。仕事も見つけなきゃいけない。そこは任せておけ」と言ってくれた。

救われた気がした。

――スマホの画面を埋め尽くしたメッセージ――

続いて、真司くんと麻也くんに電話をした。二人からも電話をもらっていた。

真司くんには、ケガするたびにいつも励ましてもらっていた。折り返して、はっきりと決断を伝えようと思った。

状況を説明し、「やめようと思います」と伝えた。

真司くんは、しばらく無言だったが、ゆっくりと「まだ時間はあるから。よく考えろよ。

すぐに結論は出さなくていい。とりあえず、今日はゆっくり休め、気が動転してるだろうし」と話してくれた。

思いのこもったアドバイスがありがたかった。

アーセナルへの加入前からお世話になっている大先輩、麻也くんにも思いを伝えた。麻也くんは、「申し訳ない。かける言葉が思い浮かばない。でも、おまえが決めたことだから……」と、僕の意志を尊重してくれた。ただ、その言葉の裏には「まだやれるだろ」という思いが隠れているような気もした。

そんな気遣いがありがたかった。

最後に、スタジアムに来てくれていた父に電話した。母も隣にいた。

「やめようと思う。ありがとう」と報告した。

父親はこう言った。

「ようやった、よう頑張った。サッカーだけが人生じゃない。最後、代表まで、日本代表の姿をもう一度見せてくれてありがとう」

電話を終えると、深呼吸をして、あらためてじっくりとスマホを見た。信じられないくらいの数の通知で、待ち受け画面が埋め尽くされていた。

それから一晩中、ベッドの上で一睡もせずに、メッセージ一つひとつに目を通していった。ＬＩＮＥにも、Ｉｎｓｔａｇｒａｍにも、「待ってるぞ」という言葉が並んでいた。ネガティブなコメントはひとつもなかった。激励のメッセージばかりだった。

ただただ、うれしかった。読んでいて涙が止まらなかった。

4 それでも前を向く

約束された万全のサポート

大ケガを負った日本代表戦の翌日（7月28日）は、日本代表のトレーナーの方に付き添ってもらい、午前のうちに新幹線で新横浜に戻った。家族も一緒だった。

新横浜駅で、F・マリノスでトレーナーを務める日暮《ひぐれ》清さんが合流し、乗せてもらった車で病院に直行した。チームドクターに診察してもらうためだった。右膝はとにかく激しい痛みがあった。

日暮さんからは特に何も聞かれなかった。ただ、「一緒に考えていこう」とだけ声をかけてくださった。そのひと言が後々まで心に残った。

この時、日暮さんに自分の気持ちを隠していてはいけないと思った。だから、正直に言った。

「今回が3回目で、正直、やめようと思ってます」

それを聞いても日暮さんは、いつもと変わらない口調だった。返ってきた言葉は「そうか。でも、俺に任せてもらえれば、絶対復帰はできると思う」だった。

僕はすぐには反応できずにいた。日暮さんが誰もが認める敏腕のトレーナーであることは知っていたが、返ってきた言葉を現実感のあるものとして受け止められなかった。

すると、日暮さんは「日常生活を送る上でも、手術はしないといけない。ただ、俺の経験からして、3回切っても、まだ全然大丈夫だから」と続けた。強く説得されるような感じではなかった。ぽつりぽつりと事実を淡々と話すように、プロ中のプロが「俺の経験」を教えてくれた。

「そうなんだ、3回目でも、大丈夫なんだ」とは思えた。それでも、この時はまだ、やめるつもりであることに変わりはなかった。

じつは、日暮さんの話を聞くまでは、もう手術もしないつもりだった。「今後プレーはしない。あんなに痛い思いまでして、手術やリハビリはしたくない。どうせやめる。痛い思いも、苦しい思いも、もうしたくない……」。そんな心情だった。

ただ、日暮さんと話をさせてもらえたことで、少しずつ現実的な選択肢について考えられるようになった。

横浜での診断でも右膝前十字靱帯断裂という結論は変わらなかったものの、復帰する意思があるのなら、手術後のリハビリはクラブで面倒を見てもらえるという。望むなら別に海外でやってもいい。その前に、手術も海外でやりたければ、それでもいい。前十字靱帯を再建する方法についても海外の事例をいくつか提示してもらい、いろいろと選択肢をもらった。

その上で「どれを選んでもいい。ただ、最後は宮市選手の気持ちだが大事だから、自分で納得いくやり方を決めたらいい。しっかりと考えた上で、サッカーをやめてほかの道に進むのなら、それも全然いい」という話だった。

僕の考えを尊重してくれただけでなく、クラブも日暮さんも万全のサポートを約束してくれた。それが何よりもありがたく、心強かった。

そこから、少しずつ、「やめる」と決めた判断についてあらためて思いを巡らせられるようになった。

――横浜F・マリノスの仲間からもらったやさしさ――

7月29日はチームが練習している場所に行くことにした。翌日に鹿島アントラーズ戦を控え、午前中から非公開練習を行っていた。

右膝にまた大ケガをしてからまだF・マリノスの選手たちには会っていなかった。心配をしてくれているだろうみんなに、あいさつがしたかった。大事な試合に向けた激励のつもりだった。

競技場に着くと、入り口でオーストラリア人のヘッドコーチ、ショーン・オントンさんとばったり会った。

最初は明るく「グッドモーニング」という感じだったが、立ち話をしているうちに、右膝の話になった。すると、オントンさんは「リョウはここまで頑張ってきたのに、神様はまた、リョウにこんなにひどい仕打ちをするのか」とわんわん泣いてくれた。

じつは、彼も親族に不幸があったばかりだった。にもかかわらず、僕のために本気で、ビックリするくらいの号泣だった。僕も感極まって、一緒に泣いた。

鹿島戦に向けたチームミーティングでは、マスカット監督が「本当に残念で悔しい。けれども、このリョウの思いを背負って、今シーズン戦っていきたい」とみんなの前で話してくれた。これも、すごくうれしかった。

あとで聞いたところによると、この時の僕の態度や雰囲気から「やめるのかも」と察した選手が多かったようだ。選手たちとはあまり話し込むことなく引きあげた。

ただ、あの時、一緒に日本代表を戦った選手でもあった水沼宏太選手にだけは、「たぶんダメだと思います」「いろいろと考えます」と、やめるという意向を遠回しに伝えた。

結局、水沼宏太選手は僕が言ったことを胸の内にしまっていてくれたようで、彼から何かが選手たちに伝わることはなかった。

――ドイツでの経験を思い出させてくれたメッセージ――

夕方、家に戻った。丸1日近くがたっても、スマホにはたくさんのメッセージが送られてきていた。前向きなメッセージばかりだった。

同じような境遇の人からのものも、たくさんあった。「僕も、前十字靭帯を何回も切っています」「私は今日、切ってしまいました」……。サッカー以外の競技をしている人からもメッセージが届いた。「私も頑張ります」「一緒に頑張ろう」。そんな文面が並んでいた。

ドイツで左膝の前十字靭帯を断裂した２０１５年７月のことを思い出した。１回目の前十字靭帯断裂、あの時はとにかく不安だった。すぐにミュンヘンに飛んで、病院のベッドの上で夜通し、Ｙａｈｏｏ！検索を続けた。

不安で不安でどうしようもない思いを落ち着かせてくれたのが、同じケガをした人の記事だったり、経験談だったりした。

勇気づけられたことを思い出し、「もしかしたら、今の僕にも似たようなことができるのではないか」と思うようになった。というより、「恩返しがしたい」「恩返しができるかもしれない」。そんな思いだった。

もし、僕にできることがあるとすれば何だろう。

同じようにケガから復帰しようとしている人たちに、僕がもらっているようなポジティブなメッセージをお返しするために、どうしたらいいのか。

もう一度、ピッチに立つべきなのか――。

「復帰を目指す」という選択肢が頭の中に浮かんできていた。

――大声援の後押しによって心に決めた引退撤回――

7月30日はホームの日産スタジアムで、鹿島アントラーズ戦だった。開始は夜7時。チームからは、無理をしてスタジアムに来なくてもいいと言われていた。膝のことを気にかけてくれていた。

痛みもあり、家で映像を見ながら応援するつもりでいた。

ただ、手術の予定が2日後に入った。そうなると、試合翌日の7月31日は練習がオフで、みんなにしばらく会えなくなる。チームに「少しだけ顔を出します」と伝えた。

鹿島戦は、優勝に向けた大事な首位攻防戦。プレーすることはできないが、一緒に戦いたいという思いだった。少しでも力になりたかった。

スタジアムで試合を見て、みんなから力をもらって、それから手術台へという思いもあった。

チームメイトのリュウ（小池龍太選手）がわざわざ迎えにきてくれた。彼も一緒に日本代表に行って、軽いケガをしていた。

車の中でも、気を遣ってくれたのか、「どうするんですか？」とは一切聞かれなかった。「今日勝つといいですね」と、そんな話をした。

試合開始が近づいてくると、選手がウォーミングアップのためにピッチへと出ていく。見送ろうと思い、通路で待っていると、いつもはまだ練習用シャツのはずなのに、なぜか選手たちが試合用のユニフォームを着ていた。

「何でユニフォーム？」と戸惑っていると、胸に「亮　どんな時も　君は一人じゃない」と書いてある。しかも、全員の背番号が「17」であることに気づいた。「17」は僕の背番号だ。

「え？　うそでしょ？」と、心の底から驚いた。応援に行ってビックリさせるつもりが、逆にビックリさせられてしまった。

水沼宏太選手や「キー坊」と呼ばれている愛すべき存在の喜田拓也キャプテンたちが、チームマネージャーやホペイロ（用具係）の方に相談し、総出で、急ピッチで何とか間に合わせてくれたということだった。

ひと目見て、号泣してしまった。

ケガをした日、ホテルの一室で最初に流したのは、悔し涙だった。でも、この時の涙はもう違った。うれしくて、ありがたくて、申し訳なくて……、ピッタリの言葉が見つからないほどに、いろんな感情が入り混じった涙だった。

涙をふきながら、スタジアムのピッチに続く階段を上って、会場全体が見渡せるところに出ると、ゴール裏のサポーターたちが大きな声をかけてくれている。

「ミヤイチー！！！！！」

隣にいたリュウも泣いてくれている。

横断幕が目に入った。

「トリコロールの宮市亮　再びピッチで輝け　待ってるぞ」

　サポーターたちによる、僕のチャント（応援歌）の大合唱が始まった。その大声援につつまれた瞬間に、僕の心は決まった。

「絶対に戻らなきゃいけない」

「もう一回みんなの前でピッチに立ちたい」

　一度は、本気でサッカーをやめようと思った。

　僕の職業はプロサッカー選手だ。これ

2022年7月30日、日産スタジアムの観客席にサポーターたちによって掲げられた横断幕（写真：千葉 格/アフロ）

までに繰り返したケガの多さ、稼働率の低さは、プロとして決してほめられたものではない。長期間にわたりチームを離脱し、たびたび迷惑をかけてきた。多くの人を失望させもした。だから、やめようと思った。

でも、これだけ待っていてくれる人がたくさんいる。SNSでもたくさんメッセージをもらった。この時、「たぶん、自分はやっぱりサッカーがやりたいんだな」と思い知らされた。「やっぱりサッカーが大好きだ」と思った。だから、「また、はい上がっていこう」と思えた。

サッカーから離れかけた気持ちを、SNSにメッセージをくれたみんなに食い止めてもらい、スタジアムでもらった大声援で、完全に引き戻してもらった。

F・マリノスとアントラーズの試合を見ながら、「どんなに苦しいことがあっても、絶対に戻る。ラストチャンスだ」と覚悟を決めた。そして、「少しでもケガに苦しんでいる人たちの後押し、恩返しになるのなら、復帰までの様子をSNSなどで公開しよう」と考え始めていた。

試合結果は2－0で、F・マリノスの勝利だった。

試合後、チームはベンチ前でわざわざ円陣を組んで、僕を迎え入れてくれ、激励してくれた。この時、サポーターに直接、復帰する決意を固めた報告をできればよかったと、今になって思う。感謝の気持ちを伝えるべきだった。

横断幕を持ってくれた選手たちと大勢のサポーターたちの前で撮った一枚の写真が、復帰への約束手形になった。

サポーターから教えてもらった大切なこと

「もし、あの日、日産スタジアムに行かなかったら、どうなってたんだろう」と思うこともある。正直、「復帰していなかったかもしれない」と思うと、今は怖さすら感じる。最高のチームメイト、最高のスタッフ、最高のサポーターのみんなに、後押ししてもらえる機会があって、本当によかった。この感謝の気持ちを伝えるのに、「ありがとう」という言葉では物足りないと思う。

妻には、前日夜に「もしかしたら、続けるかもしれない」と可能性だけは伝えていた。

「あなたの人生だし、好きなようにやってくれればいい。私たちは、それをサポートするだけだから」という言葉をもらっていた。

この決心をまずは妻に伝えたかった。

力をいただいた方々にも、自分の気持ちを、決断を伝えていった。

みんなが喜んでくれた。たくさんの後押しをいただいた。本当に、本当にありがたかった。

両親にも「やります」と伝えた。

父も賛成してくれた。ただ、「中途半端な状態では戻ってくるな」と厳命された。

わずか数日だったが、自分の中ではかなりの長い時間のように感じられた。少しずつ、少しずつ、本当にいろんな人の思いを借りながら下した決断だった。

「サポーター」という言葉の意味もあらためて考えさせられた。僕たちアスリートは、本当に「サポート」してもらう存在、助けてもらう存在なんだと痛感した。

ヨーロッパでプレーをしていた頃、自分が結果を出してステップアップすることにだけこだわっていた。ピッチで誰よりも速く走ってゴールを決める。そんな姿が、一番影響力があると信じて疑わなかった。

もちろん、ゴールを決め、チームを勝利に導くことができれば、サポーターは喜んでくれる。

ただ、左太もも裏（ハムストリング）の重度の肉離れも含め、五度もの大ケガをしてわかったことがある。結果がすべてではないのだ。そうサポーターからも教えてもらった。

結果を目指し、願い、少しずつでも前に進む姿にこそ、見る者を勇気づける力がある。ただただ地道に、かっこ悪くてもいい。一歩一歩前に進んでいる姿を見てもらおうと思った。

号泣する宮市、手術着を着た宮市、リハビリに苦闘する宮市、走ることさえ満足にできない宮市……。

そんな自分の弱さも含めて、ＳＮＳにもありのままをさらけ出し、見てもらおう。その姿から、何かが伝わるのだとしたら、こんなにうれしいことはないと思えた。

ミリ単位で可動域を広げる地道なリハビリ

手術は2022年8月2日。全身麻酔で約3時間かかった。

2017年7月の手術では、ハムストリングから採取した腱《けん》を使って、右膝の前十字靱帯を再建した。今度は、膝蓋腱《しつがいけん》という膝にある太い腱の一部を使って、右膝の前十字靱帯を再建することになった。

加えて、今回は、膝の内部にできていた不必要な組織（骨棘《こっきょく》）の除去も行った。骨棘は、前回の大ケガが前十字靱帯の断裂に加え、半月板の損傷なども併発していたことが影響したものだと思われる。

リハビリに関しては、日暮さんが宣言通り、本当に最高のサポートをしてくださった。膝の状態と相談しながら慎重に、着実に進めていった。

期間は10カ月ほど。過去の経験から、長くもなく、短くもなくと冷静に判断できるところが、自分でも少し不思議な気はするが、だからといって、決して平たんな道のりではなかった。

最初の頃は、手術を受けた箇所で内出血が続いていた。「本当に走れるようになるのか？」という不安は、今回も同じだった。

リハビリの第一段階は、手術した右膝を少しずつ、少しずつ曲げたり伸ばしたりするところからだった。手術した膝は、もちろん曲げると痛い、というよりも、曲げなくても痛い。

しかし、この時期にしっかりと曲げられるようにしておかないと、膝が柔軟性を失い、完治しても十分に曲げ伸ばしできなくなる。

右膝に大きな負荷をかけられない時期は、足首と股関節の柔軟性を高め、可動域を大きく、広くする地道なメニューにも取り組んだ。

柔軟性を失っていた股関節と足首の間では、走ったりボールを蹴ったりした際の着地で、大きな負荷が膝の1点に集中してしまい、〝犠牲〟になってしまっていたようだ。

特に、スピードが武器の僕は、なおさらだった。車のショックアブソーバーのような働きをしてくれる足首に柔軟性がないことで、膝に負担がかかりやすくなっていた。

僕の右足首は、ウィガン時代に大ケガをしたため、プラスチック製の人工靭帯で補強されたまま。人工靱帯は強い分、しなやかさに欠けるようで、それがケガの遠因になっていると日暮さんが教えてくださった。

足首の柔軟性を養うメニューは、とにかく地道なものだった。

まず壁に向かって立って、つま先を壁の一番下につけてみる。足首を少し曲げると誰でも膝が壁につくはずだ。

その状態から始め、つま先を1ミリ単位で徐々に壁から離していき、そのたびに、かかとを床につけたまま足首をゆっくり曲げ、膝が壁につくかどうかを確認していく。本当にゆっくりと曲げていき、膝が壁にくっついたらOK。これを繰り返す。

足首が柔軟であればあるほど、壁から遠い位置につま先があっても膝が壁につくようになる。はじめのうちは、そんなことしかできなかったが、コツコツ続けた。本当に地味な、ミリ単位のリハビリだった。

最初は、自分でもビックリするくらい、つま先を壁から遠ざけることができなかった。つまり、足首の可動域が極端に小さく、狭いことがわかった。

ただ、人間の体はすごい。毎日、毎日続けていくと、足首を少しずつ深く曲げられるようになった。本当に少しずつだが、確かな成長の実感があった。

二度目の右膝の手術によって得られた〝ケガの功名〟

手術から1カ月くらいたって、ゆっくり走り始めた時には、もっとビックリさせられた。二度目の右膝の手術で、膝がまっすぐ伸びるようになったことで、走った時に見える〝世界〟が一変した。

走った時の目線の高さが、手術前よりも少し、ほんの少しだけ高くなっていた。わずかな違いのはずだが、「えっ！　こんなに!?」と思うほどに、変化を実感できた。

〝ケガの功名〟というのだろうか。今回の手術で、骨棘の除去を行ったこともあり、完全に伸ばすことができなくなっていた膝がまっすぐ伸びるようになった。いつのまにか完全には伸びない膝が当たり前になっていたが、それが当たり前でなかったことにも気づかされた。

「これはむしろ、進化して戻ることができるかもしれない」。手ごたえを感じた瞬間だった。

ところが、そううまくはいかない。2022年の年末になっても、なかなか筋力が戻ってこなかった。足の痛みも続いていた。強い気持ちを持ち続けていたつもりだが、正直なところ、復帰できるかどうかについてはなかなか自信を持てなかった。

それでも、日暮さんらの献身的なサポートをいただきながら、コツコツと一日一日、一歩一歩進んだ。

リハビリの強度を上げると、また痛みが出やすくなるといったリバウンドは、何度か経験した。少しずつ筋力も戻り、ボールにも触れ、もうそろそろ復帰できるだろうというタイミングでは、右膝とはまったく別の筋肉系のトラブルにも見舞われた。「またか……」、そんな思いもあった。

ただ、日暮さんらチームのメディカルスタッフが一丸で考えてくださったメニューのおかげで、1回目、2回目の前十字靱帯断裂の時よりも順調に回復している実感があった。結果的に戻ってこられたのは、小さなことの積み重ね、それがすべてだった。

今回のリハビリで、特に支えになったのが家族の存在だった。ザンクトパウリ時代に手術をした際は、まだ子どもは生まれていなかった。

心配してくれる子どもたちのおかげで、「強くなって戻った姿を見せたい」という気持ちになることができた。そして、「これでもし、パフォーマンスが戻らなかったら、次こそ本当にやめる時だ」と腹をくくることもできた。

新たな目標ができた。

「過去最高の自分になりたい」――。

ただケガを治すのではなく、前よりも速く走れるようになりたいと思った。日暮さんには「時速40キロで走れるようになりたい」と伝えた。

サッカーもリアルタイムのデータ計測が進み、練習でも試合でも、選手は走っている際の速度を瞬時に計測され、記録されている。Jリーグではスプリントが時速25キロ以上と定義され、僕の場合はこれまでの最高速度が時速37・8キロ。40キロは陸上の一流スプリンターが出すスピードのようだが、その大台を新たな目標にした。

SNSでは、リハビリの様子を発信し続けた。同じケガで苦しんでいる人を含め、たくさんの方からメッセージをいただいた。とにかく励みになった。

わかってはいたが、リハビリに近道はなかった。地道な1ミリを積み重ねたからこその、10カ月後の復帰だったと実感している。

復帰戦のピッチで感じた思い

復帰まで、ずっと支えにしようと、イメージを膨らませていたことがある。

「いざ復帰できたら、うれしいだろうな」「どんな喜びが待っているんだろう」——。そんなポジティブな思いを抱き膨らませていた。

実際に復帰してピッチに立つことができたのは、2023年5月24日のルヴァン・カップの北海道コンサドーレ札幌戦。敵地の札幌ドームで、後半からの出場だった。

「もう一度、プロのピッチに戻ってくることができた。ようやくここまで来られた」——。

一度は引退する、戻らないと決めたはずのピッチに立っている自分がいる。とにかく感慨深かった。

興奮しているはずだったが、なぜか、スッと客観視できた。不思議な感覚だった。

心の底からわき上がってきたのは、喜びはもちろんだが、何より、「人間の『考え』は、すごい。本当にすごい」というものだった。

僕の場合、復帰したい、という「考え」が出発点になった。この考えが僕の頭の中に浮かんでこなければ、今もピッチに立っている僕はいない。

復帰したいと思わせてくれたサポーターはじめ、F・マリノスのチームメイト、スタッフ、お世話になった先輩や後輩、そして家族のおかげではあるが、心の中に「戻る」という考えが浮かんで、初めて復帰へ、わずかな灯がともった。

思いつきでも、無謀でも何でもいい。考えつく、それこそが、何かを成し遂げる尊い一歩目になる、そう強く感じた。

僕は、サッカー選手としての最高の自分をまだ見せられていないと思っている。

サッカーは、メンタルの状態がプレーに影響するスポーツだ。自信を失うと、途端にいいプレーができなくなる。ヨーロッパでプレーしていた時に痛感させられたことでもある。

だからこそ、単に走るスピードだけでなく、心技体すべてにおいて最高の自分を体験してみたい。そう思うようになった。

たくさんの人に支えてもらい、前よりも少しは精神的に成長できた自分がいるとしたら、きっと20代の頃よりもずっといいプレーができるはずだ。

ケガをしてよかったなんて簡単には言えない。ただ、これだけは言える。

「人生に無駄なことはない」

ありきたりの言葉かもしれない。でも、本当にその通りだと思う。

「ただし、無駄にするかどうかは自分次第」

これも、何度も苦しい状況を経験して、まわりのたくさんの人たちに支えてもらったおかげで、学べたことかもしれない。

この考え方が正解なのかどうか、それはわからない。でも今は、そう考えられている自分が好きだ。

きっと、人生に苦境はつきものだ。そして、苦境を乗り越えるためには、前向きになって挑むしかない。

誰でも、簡単に前向きになることはたぶんできない。僕もケガをするたびに試合に出られなくなり、毎回落ち込んで、時には自暴自棄にもなった。

ただ今では、そういう時間も必要だったんだと思う。

起きたことを受け入れて、落ち込む時は落ち込めばいい。前向きになれなくてもいい。どれだけ時間がかかってもいい。力が戻ってくるのを待つ――。

完全に絶望し、心を閉ざしさえしなければ、きっと誰かが力になってくれる。背中を押してくれる。

どんな小さなきっかけでもいい。ほんのちょっと前を向けた時、ゆっくりと再び歩きだせばいい。

エピローグ

エゴイストであるか否か

それは、本当に不思議な軌道だった。

2023年6月10日、日産スタジアムでの横浜F・マリノスと柏レイソルの試合で、僕は三度目の前十字靱帯《じんたい》断裂からの復帰後初めてとなるゴールを決めた。あの日韓戦の大ケガから318日。2022年7月6日のサンフレッチェ広島戦以来、339日ぶりの得点だった。

この日、僕は後半34分から途中出場した。試合がアディショナルタイムに入った時の得点が2－3。リードされていた。追加時間は7分。そこから、後半49分（アディショナルタイム4分）にアンデルソン・ロペス選手のゴールで追いつき、3－3の同点に。そして、残り1分もない時間帯になってからのラストチャンス。ゴール前でパスを受け、丁寧にトラップし、右足を振り抜いた。

必死で体を投げ出しブロックにきた相手ＤＦに当たったシュートは、軌道を大きく変え、勢いを失ったものの、何度かバウンドしながらゴールへ向かって前進し、最後はコロコロコロと転がってゴールラインを越えた。

何かに導かれたような軌道のゴールだった。

プレーをしている僕やチームメイトの「勝ちたい」という思いだけでなく、サポーターやチームスタッフ、Ｆ・マリノスを応援してくれているみんなの後押しがあってこそ現実になった、勝利への執念を体現したかのような泥くさいゴールだった。

2023年6月10日、三度目の前十字靱帯断裂からの復帰後初ゴールを決め、リハビリを支えてくれたトレーナーの日暮清さん（左から４人目）のもとへ（写真：アフロ）

そして、僕にとっては、これまでの歩みは間違っていなかった——そう思わせてくれるゴールだった。

ゴール直後のことはあまり覚えていない。ゴール裏の看板を乗り越え、サポーターのもとへと走り、何度もガッツポーズしていたことは、映像や写真を見て知った。

控え選手からスタッフまで、みんなが僕のもとへ集まってきてくれた。大きな輪ができた。チームの力であげたゴール、それを象徴するシーンに思えた。

ゴールを決められた喜びは、もちろんあった。しかし、「俺の復帰ゴールだ！」という思いはなかった。何より、みんながゴールを喜び、集まってきてくれた、この状況がうれしかった。

思えば、一度は引退を決意しながら、サポーターの後押しをもらって考えを180度変え、復帰を心に決めたのも、同じ日産スタジアムだった。

＊　＊　＊　＊

かつて、ヨーロッパでプレーしていた頃、特にザンクトパウリに移籍するまでは、サッカーは自分のためだけにするものだった。それがだんだんと、チームのためにするものに変わっていった。

その間には、いくつもの大ケガもあった。復帰が危ぶまれ、引退勧告までされたケガをしてもなお、僕に期待し、応援をしてくれる人たちがいなかったら、今までサッカーを続けることはできなかっただろう。そんな思いが、僕のサッカー観に影響を及ぼしたのは間違いない。

僕はゴールやアシストをあげてこそ評価をされるＦＷの選手だ。それは紛れもない事実であり、期待を背負ってプレーできることを僕自身も楽しんではいる。

しかし、ゴールやアシストの数だけが、サッカー選手の勲章ではないと、今になって思う。「記録よりも記憶に残る選手」という言葉もある。

ヨーロッパでは、よく「エゴイストになれ」と言われた。気持ちの強い選手がより多くのゴールをあげ、チームを勝利に導くことができる――。そんな意味だととらえている。

僕も実際、そうならなくてはならないと思い込み、「エゴイストになろう」と必死に努力していた時もある。

今、僕には「エゴイストになりたい」という思いは、ひとかけらも残っていない。たくさんの経験を積んできた。冷静に振り返ってみれば、もともとエゴイストになることができる性格ではなかったと思う。

チームのためにプレーし、チームメイトとともに、サポーターとともに、ゴールや勝利の喜びを分かち合いたい。それが、プレーする原動力になっている。

苦しかったリハビリを乗り切る力にもなったのも、そんな復帰後の喜びに満ちたシーンに対する期待感だった。

だからこそ、2023年6月10日の復帰ゴールはうれしかった。ボールの軌道も含めて、何もかもが、特別だった。しかもそれが、チームの勝利を手繰り寄せる、決勝ゴールになった。格別の喜びだった。

再び、プロのサッカー選手としてプレーできるようになり、僕はあらためてプレッシャーとの格闘の中にいる。

アーセナルにいた頃とはまた違った環境ではあるが、F・マリノスも同じように、チャンピオンチームであり、常勝を期待されている。いつも結果を求められ、競争もハイレベルだ。

復帰した当初は、単純に充実した毎日で、プロとして再びピッチに立ち、プレーできることが楽しくて楽しくて仕方なかった。

復帰できた幸福感、うれしさでいっぱいだった。

しかし、続けて試合で使ってもらえるようになるためには、当然ながら、チーム内の競争と向き合わなくてはならない。そこには、自分の内面との格闘がメインになるリハビリとは、また違った苦しさがある。

走れるようになったといっても、まだ実戦で通用するレベルの走りではなかった。試合の緊張感の中で走るのと、ただ走るのとでは、心肺機能など、体にかかる負荷の度合いも違う。90分間走り続けられる体を取り戻すには、やはり時間が必要だった。

まさに、「心技体」の「体」が整っていない状態だ。この時、充実したプレーをしているチームメイトの姿と、自分の現実のプレーを比較してしまうと、それが焦りにつながる。余計なプレッシャーにもなる。不十分な「体」の状態が、「心」にも悪い影響を及ぼし始める。

もちろん、そんなプレッシャーも、プレーできているからこそ感じられるもので、ぜいたくな悩みではある。

サポーターからの期待、チームからの期待を背負ってピッチに立つことができること自体が、本当にありがたいことだ。

F・マリノスに移籍してくる前の僕なら、ここでまた大きくつまずいていたことだろう。うまく、速く走れない現実を練習量で何とかしようと焦ってもがいていたはずだ。

しかし、いくらプロのスポーツ選手だといっても、人間であることには変わりはない。体にかかる負荷を急激に上げれば、当然オーバーワークにもなる。ケガをしやすくもなる。

実際、そんな失敗を何度も繰り返してきた。

高校生の頃は、練習量を増やせば、単純にその分だけうまくなれるような感覚があった。

「技」も「体」もグングン向上した。その感覚のまま、僕はアーセナルに加入し、プロになった。いきなり世界最高峰のアーセナル――。そのこと自体は、とても幸せなことだったと思う。一方で、プロになる「心」の準備はまったくと言っていいほどできていなかった。

とにかくやらなきゃ、今すぐ世界のトップに追いつき追い越せで、結果を出さなきゃとプレッシャーを感じ、焦りまくっていたアーセナル時代……。

大ケガで離脱し、復帰直後にもかかわらず、一気にトップパフォーマンスを取り戻そうとして、こんなはずじゃなかったと泥沼にはまり込んだトゥウェンテでの苦い経験……。

ようやくサッカー選手としての時間を過ごせていると思ったのもつかの間、二度の前十字靱帯断裂で苦しみ抜いたザンクトパウリでの日々……。

もちろん、今回もできるだけ早く、パフォーマンスを上げなければいけないと取り組み、心に誓ってはいたが、どこかに過去の経験や失敗をもとに、冷静に今を見つめられる第三者的な自分もいた。

この違いは本当に大きかった。僕は、自分の心にブレーキをかけ、「そんな簡単なもんじゃないぞ。積み重ねが大事だ」と自分に言い聞かせてやることができた。

焦りそうになる心を鎮めることができた。

現実のふがいない自分の姿をいったん許すことができるようになったとでもいうのだろうか――。

「地道に一歩ずつ」と思えるようになった。

復帰へのカーブは徐々に右肩上がりになっていくべきものだ。若い頃は特に、復帰した瞬間、急激にドーンと上に一直線という道筋を、勝手に思い描いていた。そもそも、そんな復帰のカタチはありえない。あったとしても、振れ幅、反動がすごく激しいものになる。10カ月もの長い間、満足にサッカーをプレーできていなかったわけだ。トップフォームを取り戻す作業は、簡単ではない。焦って他のケガを引き起こし、再び離脱するようなことがあってはならない。

コツコツと、地に足をつけてやっていく――。そう考えると、自然と、自分に〝矢印〟

が向くようになった。つまり、他者との比較を過度にしなくなった。
それは、まわりからの声を無視するのとはまた違う。他者の意見を参考にしながらも、自分の特長を大切にし、自らの判断で今やるべきことに集中する。その上で、チームの勝利への貢献を第一に考える。

そんな今の心持ちが、とても自分にはしっくりきている。

点取り屋、ＦＷであったとしても、エゴイストでなくてもいいのではないか――。少しずつ、そう思うようになったのは、ザンクトパウリで試合に出続け始めたあたりからだろうか。
ここまで本当に遠回りしたかもしれないが、チームプレーを楽しめる環境に恵まれて、今はとても幸せだ。

ヨーロッパでサッカーをしていた頃の僕は、成長の意味を取り違えていた。
ちょっとしたステップアップは成長ではないと思っていた。その先にある大きなゴールに飛び込むことのみにとらわれて、日々の小さな成長に意味を見いだせなかった。

アーセナルと契約した時がゼロで、そこを基準にして最大の成功をイメージした。

とにかく早くトップチームで試合に出て、レギュラーになり、アーセナルで絶対的な存在になり、さらなるビッグクラブにステップアップする可能性を手にする。そこまで考えていた。

当時の僕は、足元が見えていなかった。自分の立ち位置を理解できず、上ばかりを見ていた。冷静に考えれば、まだ試合に出て活躍できる土台は整っていなかった。

理想と現実とのギャップが大きすぎて埋められず、置かれた状況を素直に受け入れることができなかった。できるだけまっすぐ、寄り道せずにいかに早く、成功まで到達できるか――。それだけを考えていた。

日々の積み重ね、その意味を理解しようとせず、最短コースばかりを探し求めていた。

もし、当時の自分に声をかけることができるとしたら、こう言いたい。

「今できることに集中し、そこで100%を出し切る。それが結局、自分が求めている大きな成功への一番の近道になるのだから」

シンプルこそ、真理――。

これが、度重なるケガなどで遠回りした僕がようやくつかんだ究極の答え、だと思う。

実際、この考え方を持ってから、ゴール前でボールが自分の前にこぼれてきやすい感覚がある。

幸い、30代になり、これだけ大きなケガを繰り返していてもなお、年齢による衰えや、最大の武器であるスピードが落ちたという感覚は一切ない。

武器であるスピードで、〝自分史上最速〟を記録したのがドイツのザンクトパウリ時代。時速37・8キロだったのに対し、三度目の前十字靱帯断裂からの復帰後に計測した値は、大ケガから1年の時点で時速37・2キロ。記録更新とはならなかったが、十分な手ごたえを感じている。

18歳でアーセナルに行くと決めてから本格的に始まった、僕のサッカー人生。

今思えば、あの決断は、戦争に木刀一本で突っ込んでいくようなものだった。

プレミアリーグは世界中から一流の選手が集まってくる世界最高の戦いの場で、アーセナルはその中でも名門、強豪チームだ。そこで日本の高校生が競争を勝ち抜き、レギュラーポジションをつかみ取ることは、並大抵なことではない。「無謀だったか？」と聞かれたら、無謀だったのかもしれない。

ただ、あの時の選択を後悔したことは一度もない。

「どんな選択であれ、自分の選んだ道を正解にする」という思いで、今まで歩んできた。その思いは、今も変わらない。

当時、アーセナル以外のチームからも「来てほしい」と、獲得オファーはもらっていた。その中から、迷わずアーセナルを選んだ。「ここなら、自分がうまくなれる」と強く思えたからだ。

あれはもう10年以上も前の話だが、僕はいまだに「もっと、うまくなれる、ここから、もっとよくなっていく」という感覚を持ち続けられている。

一度は考え抜いて決め、口に出した「引退」という言葉だったが、本当に、あの時やめなくてよかった。

プロサッカー選手を続けていてよかった。

支えてくれる人がたくさんいることに、どんなに感謝してもしきれない。

僕のキャリアは苦しいこと、悔しいことが95％だった。それでも、残りの5％が最高だったから、それをまた味わいたくて今もサッカーを続けている。

ここから、僕はどんな景色を見ることができるのだろう――。きっと「自分史上最高のもの」が待っている。そう信じている。それでも前を向く――。前を向いて進んでいく。

おわりに

本業はサッカー選手で、長い間、英語圏とドイツ語圏で生活してきた僕にとって、一文字一文字に気持ちを込めて文章にして伝えていく作業は、想像以上に難しいものでした。何度も書き直しましたが、伝わりにくい部分もあったかもしれません。

ただ、ここに書いてあること、この本こそが、今お伝えすることのできる、僕のリアルなサッカー人生そのものです。

アーセナル時代は、取材に来ていただいた人、応援に来ていただいた人に、当時未成年だった僕に対するチームの方針もあり、しっかりとお話しさせていただくことができませんでした。この場を借りてお詫びさせてください。

それに加えて、ケガもあり、プレータイムが伸びず、出場機会も限られたことで、極端に当時の情報が少ない、そんな実感がありました。いろいろな出来事（良くも悪くも）があったわりには。

ただ、ひとつずつコツコツ説明すると膨大な時間が必要になります。

僕の歩みに興味を持ってくださった人に、「どうぞ。これ読んでください」とお渡しできたら——。そんな思いも、この本を出版させていただいた大きな理由のひとつです。

チームの勝利につながるプレーをひとつでも多く見てもらえるようにすることが、応援してくださっているみなさんへの最大の恩返しになる。そう信じて、今日も僕はチームメイトとともにチームのために戦います。

これからのプレー時間を最高のものにすることを誓い、本書を締めくくらせていただきます。ここまで読んでくださり、本当にありがとうございました。

最後に、大切な家族に向けて、「支えてくれて、ありがとう」と書き添えさせてください。

いつもたくさん声援を送ってくださるみなさん、これからも、よろしくお願いいたします。

2023年11月　　宮市　亮

— 著者略歴 —

宮市 亮（みやいち・りょう）
1992年12月14日生まれ、愛知県出身。小学3年生の時に地元のクラブチーム「シルフィードFC」でサッカーを始める。地元の強豪・中京大学附属中京高等学校に進学。全国高校サッカー選手権には2年時、3年時と2年連続出場。2010年12月にイングランド・プレミアリーグの名門「アーセナルFC」と契約を結ぶ。まずオランダ1部（エールディヴィジ）の強豪「フェイエノールト・ロッテルダム」にレンタル移籍。その後は「ボルトン・ワンダラーズFC」「ウィガン・アスレティックFC」（ともにプレミアリーグ）や「FCトゥウェンテ」（オランダ1部）へのレンタル移籍を経験。2012年2月には日本代表に初招集される。アーセナルには2011–2012年シーズン前半と2013–2014年シーズンの計1年半在籍。2015年にドイツ2部（ブンデスリーガ2部）所属の「FCザンクトパウリ」に完全移籍し、2020–2021年シーズンまで計6年在籍。2021年7月に、Jリーグ1部「横浜F・マリノス」に完全移籍。2022年7月には10年ぶりとなる日本代表に招集された。

企画協力：船川 康（ユニバーサルミュージックアーティスツ）

編集協力：八反 誠（日刊スポーツ新聞社）

装丁：西垂水 敦（krran）

本文デザイン：秋澤 祐磨（朝日新聞メディアプロダクション）

写真（カバー・章扉）：工藤 隆太郎

ヘアメイク（カバー・章扉）：芹川 善美

それでも前《まえ》を向《む》く

2023年12月30日　第１刷発行

2024年２月10日　第２刷発行

著者：宮市 亮

発行者：宇都宮健太朗

発行所：朝日新聞出版

〒104-8011　東京都中央区築地5-3-2

電話：03-5541-8814（編集）／03-5540-7793（販売）

印刷所：大日本印刷株式会社

Published in Japan by Asahi Shimbun Publications Inc.

ISBN978-4-02-332352-0

定価はカバーに表示してあります。